Elfi Sinn

Der Club der kleinen Millionäre 2

Von Pfunden, Freundschaft und Hunden

Bibliografische Information der Deutschen Nationalbibliothek: Die Deutsche Nationalbibliothek verzeichnet diese Publikation in der Deutschen Nationalbibliografie; detaillierte bibliografische Daten sind im Internet unter http://dnb.dnb.de abrufbar

Herstellung und Verlag:
BoD – Books on Demand Norderstedt

Titelbild: Gabriele Barby unter Verwendung von Motiven von Freepik

ISBN:9 783 753 498 171

1. Kapitel,

in dem sich die kleinen Millionäre ihren größten Wunsch auf dem Weg zur Million erfüllen können, während ein anderer Wunsch unerfüllbar scheint

Schon seit dem frühen Morgen schneite es ununterbrochen. Betty Berger schaute missmutig aus dem Fenster und zog ihren blonden Pferdeschwanz etwas fester. Der weiße Garten sah zwar wunderschön aus, aber dieser nasse Schnee würde garantiert nicht liegen bleiben. Wenn sie jetzt rausgehen würde, gäbe es nur nasse Füße, also hatte sie Zeit, noch etwas in ihrem neuen Geld-Buch zu lesen.

Viele Kinder fieberten an diesem 4. Advent Weihnachten entgegen, nur die kleinen Millionäre fühlten sich so, als hätten sie die Bescherung schon hinter sich.

Betty schaute kurz ins Nebenzimmer, wo ihr Zwillingsbruder selig lächelnd auf seinem Smartphone tippte.

Eigentlich hatte alles damit angefangen. Ben wollte

unbedingt ein neues Handy, aber dafür war kein Geld da. Deshalb hatten sie mit ihren Freunden Lissy, Noddy und Sporty den Club der kleinen Millionäre gegründet, mit dem Ziel, aus eigener Kraft reich zu werden. Dafür hatten sie gelernt, die Hälfte ihres Taschengeldes zu sparen und den Rest clever einzuteilen.

Sie hatten sogar kleine Jobs gefunden, die Kinder mit 10 oder 11 Jahren machen konnten, aber der richtig große Wurf war ihnen bei der Verfolgung einer jugendlichen Einbrecherbande gelungen.

Denn als Belohnung hatte nicht nur jeder ein neues Smartphone erhalten, sondern auch einen in Bettys Augen unermesslich hohen Geldbetrag, den sie jetzt erfolgversprechend angelegt hatten.

Betty lächelte. Vermutlich ging es den anderen jetzt auch so, dass sie weniger an Weihnachtsgeschenke dachten, sondern eher an ihre kleinen Extras, die sie von dem Rest des Geldes bezahlt hatten.

Ihr Smartphone meldete sich und Lissy zeigte stolz, was sie gerade auf ihrer allerersten Nähmaschine gezaubert hatte. Betty seufzte entzückt. Lissy hatte wirklich ein Händchen für Mode und würde bestimmt mal eine berühmte Designerin werden. Diese Näh-maschine hatte sie sich deshalb so gewünscht.

Nur wenige Straßen weiter, ging es um einen ganz anderen Wunsch.

„Könnte es nicht einen großen Knall geben und all das Fett wäre weg? Warum muss ausgerechnet ich so dick sein? Warum kann ich nicht sein wie Lissy oder Betty oder die anderen Mädchen?"
Friederike Winter kannte diesen Stoßseufzer. Er war ihr tägliches Repertoire, wenn sie sich im Vorbeige-hen im Spiegel sah, aber er verhallte offensichtlich ungehört. Niemand schien ihr sagen zu können, warum sie und nur sie sich fühlen musste, wie ein gestrandeter Wal.

Wenn sie noch an den Weihnachtsmann geglaubt hätte, wäre schlank zu sein das erste, was auf ihrem Wunschzettel stehen würde.
Aber so musste sie damit leben, für immer und ewig eine Außenseiterin zu sein.

Immer war sie ängstlich darauf bedacht, dass sie keiner beobachtete oder über sie lachte. Aber das ließ sich selten vermeiden.

„Du bist so schlank wie ein Reh oder wie heißt das graue Tier mit dem Rüssel?" Das hatte gestern auf einem Zettel gestanden, den ihr jemand in ihre Mappe gelegt hatte. Auch vorher schon hatte jemand eine Karikatur auf ihren Platz gelegt, auf der stand: „Du hast bestimmt eine Lebensmittelschwangerschaft, so dick wie dein Bauch ist."

Jedesmal hatte sie erst vor Wut geweint und sich dann getröstet. Wie immer hatte sie gegessen, was sie fand und dann war ihr übel gewesen.

Heute war der 4. Advent. Nichts besonderes, sie war wieder mal allein, einer der Sonntage, an denen ihre Mutter auch geschäftlich mit ihrem Chef unterwegs war. Geschäftlich! Friederike schnaubte verächtlich. Ihre hübsche, gertenschlanke Mutter hatte schon immer Erfolg bei Männern.

Auch bei Friederikes Dad, aber der hatte schnell erkannt, dass hinter dem hübschen Gesicht zu wenig

Herz war. Seit der Scheidung verbrachte Friederike jeden Sommer und auch die Weihnachtsferien bei ihrem Dad in London.

Wenigstens der war in Ordnung, auch ihre Grandma Kate in Canterbury, die sie heiß und innig liebte.

Wie immer wenn sie allein war, hatte Friederike auch an diesem Sonntag ausgiebig im Bett gelesen. Aber jetzt musste sie sich anziehen und das Frühstück vorbereiten.

Sie starrte missmutig in ihren Kleiderschrank, in dem es nur weite Schlabbershirts gab. „Voll der Horror", murrte sie und streifte wie jeden Tag ein übergroßes Sweat-Shirt über ihre Jeans, die schon wieder nicht mehr richtig zugingen.

Den Spiegel, ihren Lieblingsfeind nach der Waage, übersah sie ganz bewusst. Da war sowieso nichts Besonderes zu sehen!

Ein ganz alltägliches Gesicht mit dicken Wangen, einer großen, dunklen Brille und Fettrollen ohne Ende. Und mit jedem neuen Tag würden sie weiter wachsen. Wenn sie es nur endlich mal schaffen würde, so zu sein, wie andere.

Vielleicht war heute so ein Tag?

Heute, nahm sie sich vor, heute schaffe ich es, nicht zu essen. Und vielleicht könnte ich dann bis Weihnachten schon 10 kg abnehmen. Ihre

Laune besserte sich bei diesen Aussichten und Essen schien völlig unwichtig. Sie schaute zum Fenster. Es schneite zwar, aber ziemlich nass. Das bleibt bestimmt nicht liegen, dachte sie.

Es lohnt sich gar nicht raus zu gehen. Es wäre viel besser sich mit einem Buch in den Sessel zu kuscheln und ein bisschen gefüllte Schokolade….

Nein! Unterbrach sie sich streng, heute nicht!

Diese Absicht hielt genau vier Stunden bis Friederike ihr Buch ausgelesen hatte und sich erheblich langweilte.

Zielsicher untersuchte sie ihre Schubladen nach versteckten Süßigkeiten, wurde hier und auch im Schrank ihrer Mutter fündig und stopfte alles in sich hinein, unfähig damit wieder aufzuhören.

Nachdem sie auch die letzte Zuckerdose ausgekratzt hatte, wurde ihr schwarz vor den Augen.

Sie fing fürchterlich an zu schwitzen und ihr war

plötzlich so übel, wie noch nie in ihrem Leben.

Ihre Beine schienen sie nicht mehr tragen zu können und mit letzter Kraft schaffte sie es bei der Nachbarin, Frau Wegener, zu klingeln, dann brach sie zusammen. Die Nachbarin rief sofort den Rettungsdienst und Friederike wurde in ein Krankenhaus eingeliefert.

Am nächsten Morgen als sie erwachte, war ihr immer noch übel und der Bauch tat ihr weh. Aber noch schlimmer war die Scham, die sie empfand. Warum machte sie so etwas, wieso war sie nicht so normal, wie andere Kinder?

Die Ärztin, die mit ihr sprach, schimpfte nicht, wie es Friederike eigentlich erwartet hätte. Aber sie äußerte sich in einem sehr besorgten Ton.

„Kind, du hast ein echtes Problem mit deinem Blutzuckerspiegel. Dass du zu viel Gewicht hast, weißt du sicher schon. Aber wenn du so weiter machst, könntest du Diabetes bekommen, eine Zuckerkrankheit mit der nicht zu spaßen ist."

„Ich will ja gar nicht so viel essen", flüsterte Friederike, „aber ich kann einfach nicht aufhören. Wenn ich damit angefangen habe, esse ich alles, auch Sachen, die mir gar nicht schmecken."

Die Ärztin hörte ihr aufmerksam zu. „Das klingt nach Bulimie, bist du in psychologischer Behandlung?"

„Nein, aber ich mache das, wenn es mir hilft."

Friederike sah einen Silberstreifen am Horizont und schöpfte seit langem wieder etwas Hoffnung.

„Was muss ich denn tun, um so eine Behandlung zu bekommen?" fragte sie zaghaft.

Jetzt lächelte die Ärztin und klopfte ihr auf die Schulter. „Darum kümmere ich mich. Du bekommst einen Brief an den Hausarzt und der überweist dich dann an einen Psychotherapeuten."

Das zaghafte Hoffnungsgefühl verflog wieder, als ihre Mutter kam, um sie abzuholen.

„Deinetwegen komme ich heute zu spät zur Arbeit. Kannst du nicht einmal sein wie andere Kinder, die ihrer Mutter nur Freude machen. Warum musste ausgerechnet ich, so eine Missgeburt in die Welt setzen?"

Friederike ließ die übliche Schimpfkanonade an sich abgleiten, Tränen hatte sie dafür keine mehr.

Gleich am Nachmittag ging sie mit ihrem Brief zur Hausärztin, die sie ohne Probleme überwies und ihr ans Herz legte, auch mehr Sport zu treiben.

Als ob ich mit Sport irgendetwas schaffen könnte, dachte Friederike. Ich habe jede Woche mindestens zwei Stunden Sportunterricht und habe ich damit jemals ein Kilo abgenommen?

Nein, Sport war nur etwas für die Schlanken, die schon so geboren wurden, wie Sporty, der beste Sportler der Schule und darüber hinaus. Friederikes Wangen wurden heiß, wenn sie an den schlaksigen Jungen dachte, für den sie heimlich schwärmte. Als ob sich so jemand für sie mit ihrer Monsterfigur interessieren würde, rief sie sich innerlich zur Ord-nung.

Immer wenn sich Friederike so verächtlich beschimp-fte, schrumpfte ihr Selbstwertgefühl auf Gullyhöhe und sie traute sich selbst nichts mehr zu.

Heute gehe ich besser noch nicht zur Psychologin,

entschied sie. Die werden gerade auf mich warten,
aber morgen, morgen ganz bestimmt.

In dieser Nacht hatte sie einen sonderbaren Traum.
Sie hatte plötzlich ein Hündchen, mit dem sie kuscheln und mit dem sie ganz locker die Straße entlang rennen konnte.

Noch nach dem Aufwachen war ihr das Bild des
Hündchens so stark im Gedächtnis, dass sie sehn-
süchtig dachte, ein Hündchen zu haben, das wäre
toll. Dann hätte ich wenigstens einen Freund!

Am nächsten Tag war das Wetter so schlecht, dass
Friederike beinahe wieder nicht gegangen wäre, aber
in drei Tagen würden die Weihnachtsferien beginnen. Und wenn sie ihrem Vater in London schon einen Behandlungstermin nennen könnte, würde er
sich mit ihr freuen. Schon lange versuchte er sie dazu zu bewegen, sich Hilfe zu holen. Und irgendwie
zog sie auch das Bild des Hündchens.

Also biss sie die Zähne zusammen und machte sich
auf den Weg.

 In dem großen Haus, in dem sich die psychotherapeutische Praxis befand, war es angenehm warm. Friederike war zwar so schnell sie konnte durch den nassen Schnee gestapft, um dem eisigen Wind zu entgehen, aber sie war doch ziemlich durchgefroren. Im Flur war Friederike an der Treppe, die zur Praxis führte, versehentlich vorbeigegangen und stand jetzt vor der Tür, die sich zum Garten öffnete. Neben dem Heizkörper, der angenehm warm strahlte, stand ein Stuhl. Also setzte sie sich erstmal darauf, um wieder zu Atem zu kommen.

Kaum saß sie, begann das Gedankenkarussell in ihrem Kopf wieder seine Litanei: Du bist wirklich selber schuld. Warum frisst du auch wie eine siebenköpfige Raupe? Andere Kinder können auch rechtzeitig aufhören, andere Kinder sind auch normal…. Und schon liefen die ersten Tränen und Friederike begann verzweifelt zu schluchzen. Ihr konnte wirklich niemand helfen, niemand!
Lissy, die gerade ihre beste Freundin Betty besucht hatte, stutzte als sie den Hausflur betrat. Sie war schon daran gewöhnt, dass die Klienten ihrer Omi

manchmal weinten, aber bestimmt nicht im Hausflur.

Langsam und sich aufmerksam umsehend, ging sie den Flur entlang und fand in der hintersten Ecke das heulende Elend, die dicke Friederike.

Und obwohl Lissy ganz bestimmt nicht zu Friederikes engsten Freundinnen zählte, tat sie ihr doch leid, wie sie da tränenüberströmt in der Ecke saß.

Friederike hätte sich am liebsten verkrochen.

Ausgerechnet die blonde, schlanke Lissy musste sie hier finden, Lissy, der Liebling aller an der Schule! Sie und die anderen vom Club der kleinen Millionäre waren schon richtige Berühmtheiten.

Alle hatten sie bewundert, wie clever sie die Bande geschnappt und wie klug sie die Belohnung angelegt hatten, um aus eigener Kraft reich zu werden.

 Friederike bewunderte Lissy ganz besonders, weil sie immer so schick gekleidet war. Sie hatte sogar schon als Model an einer Modenschau teilgenommen und durfte Klamotten selbst gestalteten.

Und ausgerechnet jetzt saß sie tränennass, wie ein begossener Pudel vor Lissy, wie ein Häufchen Unglück.

Aber Lissy verhielt sich überhaupt nicht so hochnäsig, wie Friederike erwartet hätte. Sie reichte ihr ein frisches Taschentuch und fragte ganz ruhig, als ob alles in Ordnung sei. „Wolltest du zu meiner Omi?"

„Wenn sie Frau Herz ist, ja."

Als Friederike nur weiter zu Boden schaute, nickte Lissy nur. „Das ist sie. Ich bringe dich am besten hoch, du brauchst sicher einen schnellen Termin. Ich regle das."

Und so kam es, dass Friederike von einer Überraschung in die nächste fiel. Die Psychotherapeutin, Frau Herz, hatte den Brief aus dem Krankenhaus aufmerksam gelesen und nur kurz mit ihr gesprochen. Sie hatte ihr aber gleich einen Termin für die erste Woche im neuen Jahr gegeben und gesagt, dass sie ihr helfen könne. Sie würde aber auch erwarten, dass Friederike vollen Einsatz zeige.

2. Kapitel,

in dem Friederike sich ihrem größten Problem stellen will

Nach den Weihnachtsferien, die ein einziger Traum waren, machte sie sich jetzt auf den Weg zur Therapie. In der Straßenbahn malte sie sich aus, wie es sein würde, wenn sie das nächste Mal nach London flog. Ihr Dad würde happy sein.
Deshalb versprach sich Friederike, diesmal würde sie durchhalten. Diesmal würde sie nicht aufgeben, diesmal würde sie ihr Fett besiegen!

Und an dieses Vorhaben hatte sie sich geklammert, als sie zuhause die Vorwürfe der Mutter hörte, die sich über die zusätzlichen Kosten beklagte, die jetzt auf sie zu kämen. Friederike schwieg eisern, damit ihr keinesfalls herausrutschen konnte, dass ihr Vater für sie ein Konto eingerichtet hatte. Sie hatten darüber gesprochen, dass die Psychotherapie nicht ausreichen würde und sie sicher noch mehr Hilfe und Anleitung brauchte. Von ihrem neuen Konto konnte sie mit einer eigenen Geldkarte das notwendige Geld abheben, einfach so am Geldautomaten, wie eine Erwachsene.

Aber natürlich musste sie erst die Therapie beginnen. Friederike war etwas angespannt, aber nicht ängstlich. Sie hatte sich gut vorbereitet und alles notiert, was sie gerne und häufig aß.
Und sie hatte auch Fotos aus dem Album ihres Vaters mitgebracht, die Friederike als Baby, als Vierjährige und als Sechsjährige bei ihrer Einschulung zeigten.
Sie hatte keine Ahnung, welche Absicht Frau Herz damit verfolgte, war aber froh, die Fotos aus London mitgebracht zu haben. Bei ihrer Mutter gab es so etwas nicht mehr.
Heute hielt sich Friederike nicht erst im Hausflur auf, sondern ging gleich mutig die Treppe nach oben.

Wie schon beim ersten Kontakt war Frau Herz sehr nett zu ihr, fast wie eine Großmutter. Sie schaute sich die Fotos lange an. „Als du eingeschult wurdest, hattest du Untergewicht. Und auch vorher warst du ziemlich dünn. Weißt du noch, wann das mit dem Zwang zum Essen angefangen hat?"

Friederike schaute auf die Fotos, die sie vorher nicht richtig angesehen hatte. Fotos waren wie Spiegel, also natürliche Feinde. Aber jetzt fiel es ihr auch auf, sie war richtig dünn gewesen.

Und wann wurde das anders? Sie dachte kurz nach, während Frau Herz geduldig wartete. „Das war in der 3. Klasse."

„Bist du in eine neue Klasse gekommen oder hattest Lernschwierigkeiten?"

„Nein!" Friederike schüttelte vehement den Kopf.

„Lernen ist das Einzige, womit ich keine Schwierigkeiten habe."

„War das die Zeit, in der sich deine Eltern scheiden ließen?"

„Nein." Friederike schüttelte wieder den Kopf. „Das war schon in der 1. Klasse."

„Hattest du eine Krankheit? Oder hat dich etwas geärgert?"

Friederike dachte angestrengt nach. Sollte sie Frau Herz wirklich so etwas erzählen? Das war so peinlich!

So etwas konnte auch nur ihr passieren! Und schon kullerten die ersten Tränen.

Die Therapeutin, die sah, wie es in ihrem Gesicht arbeitete, ließ ihr Zeit.

Schließlich atmete Friederike tief ein, schaute aber immer noch zu Boden.

„Krank war ich nicht. Aber da war ein Freund meiner Mutter, Onkel Robert sollte ich ihn nennen. Ich sei sein liebes, kleines Mädchen und er wollte mich immer umarmen. Aber ich wollte das nicht.

Er kam sogar, wenn meine Mutter nicht da war und brachte mir Süßigkeiten. Ich sollte auf seinem Schoß sitzen, auch das wollte ich nicht. Deswegen hatte ich einen Riesenkrach mit meiner Mutter. Kann es daher kommen?"

Es musste etwas damit zu tun haben, denn Frau Herz nickte bedächtig. „Wie war es dann, als du zugenommen hattest?"

„Dann hatte er kein Interesse mehr an mir."

„Also hattest du dir einen Schutzpanzer zugelegt. Gibt es den Freund deiner Mutter noch?"

Friederike schüttelte nur den Kopf.

„Glaubst du, dass du jetzt den Schutzpanzer wieder ablegen könntest?"

Friederike lächelte zaghaft. „Sofort! Aber ich weiß nicht wie."

Frau Herz klopfte ihr tröstend auf die Schulter. „Das schaffen wir gemeinsam."

Sie führte sie zu einer Behandlungsliege und Friederike musste mehrmals, die Arme nach oben strecken. Dann nickte sie noch einmal und bat Friederike an den unangenehmen Onkel zu denken, während sie mit dem Finger sanft unter den Augen, unter der Nase und an anderen Punkten klopfte.

Schon nach kurzer Zeit schien es Friederike, als könnte sie die bedrückende Erinnerung jetzt einfach loslassen. Frau Herz gab ihr dann für die kommende Woche einen neuen Termin.

In der Zwischenzeit sollte sie sich Hilfe für Ernährung und Bewegung suchen.

Friederike hatte keine Ahnung, wie oder bei wem sie sich Hilfe holen könnte. Hätte sie ahnen können, was Lissy inzwischen unternommen hatte, wäre ihr sicher leichter zumute gewesen.

Lissy hatte sich am Tag vorher mit Tanja und Sporty getroffen, beide gingen in die gleiche Klasse, wie sie und beide gehörten zum Club der kleinen Millionäre, Tanja allerdings war ganz neu.

„Wir müssen Friederike beim Abnehmen helfen, alleine schafft sie das nicht."

Sporty sah sie nur empört an und fuhr sich wütend durch die Haare. „Wenn sie nicht dick sein will, dann soll sie halt weniger essen."

„So einfach ist das nicht." Tanja sah ihn tadelnd an. „Ich war auch mal viel dicker und das lag nicht nur am Essen. Also ich helfe gerne."

„Wenn du mit ihr Sport machen würdest", Lissy sah Sporty listig von der Seite an, „das wäre ja fast so, als ob du schon ein richtiger Trainer wärst. Das sind doch tolle Erfahrungen für später. Und außerdem ist sie die Beste in Englisch und könnte uns weiterhelfen."

Sporty schaute zwar immer noch misstrauisch, nickte dann aber doch bereitwillig

3. Kapitel,

in dem Friederike erfährt, wie ihr größter Wunsch mit Hilfe der kleinen Millionäre in Erfüllung gehen könnte

Nach dem Termin, als Friederike mit rotgeweinten Augen aus der Praxis kam, wartete Lissy schon auf sie. „Hast du Lust kurz reinzukommen?"
Friederike musste sich heimlich kneifen. Ob sie Lust habe kurz in Lissys Zimmer zu kommen? Wow! Natürlich! Bisher hatte noch nie irgendeines der Mädchen ihrer Klasse eine solche Aufforderung geäußert.

Lissys Zimmer war natürlich ein Traum. Alles war in weiß, rosa oder violett gehalten und so was von ordentlich!
Beschämt dachte Friederike an ihr Zuhause, das keinem Vergleich standhalten würde.
Auf dem weiß-goldenen Prinzessinnenbett lagen seidig glänzende Kissen, die Lissy offensichtlich selbst hergestellt hatte. Hinter dem großen runden Tisch

war die Wand unterbrochen und bildete eine veran-
damäßige Ausbuchtung. Dort standen die mittlerweile schon berühmten Geldbäume, über die alle an der
Schule Bescheid wussten.

Lissy schob sie zu einem der Stühle am Tisch und
holte ihr ein Glas Tee.

„Hat dir meine Omi helfen können?"

Friederike holte tief Luft. „Das weiß ich noch nicht.
Mir geht es aber schon besser, ich bin irgendwie erleichtert. Trotzdem weiß ich nicht, wie ich dünner
werden könnte."

„Hat sie dir denn keine Aufgaben gegeben?" Lissy
kannte sich offensichtlich gut aus.

„Hat sie", bestätigte Friederike, „ich soll jeden Tag
einige Punkte in meinem Gesicht klopfen und ein
Foto von mir so bearbeiten, wie ich dünner aussehen
möchte. Das möchte ich ja auch, aber wenn ich immer so viel esse, klappt das nicht."

Lissy dachte nach und Friederike kam es vor, als ob
sie echt interessiert wäre. „Kannst du kochen?"

Und als Friederike nur den Kopf schüttelte, fragte sie
weiter. „Deine Mutter?"

Wieder nur ein Kopfschütteln. „Meine Mutter ist selten zuhause, ich lasse mir eine Pizza bringen oder kaufe etwas am Würstchenstand."

„Würstchen zum Frühstück?" Lissy sah sie überrascht mit ihren grünen Augen an.

„Nein, morgens gehe ich beim Bäcker vorbei und esse Kuchen oder Plätzchen. Manchmal nasche ich auch nur, aber dann ist es noch schlimmer." Beschämt senkte sie den Kopf, sie kam sich selbst vor, wie unter einem Stein hervorgekrochen.

Aber Lissy wandte sich nicht entsetzt ab, sondern lächelte nur.

„Du sollst dir bestimmt Hilfe holen, für die Ernährung und den Sport. Hast du schon eine Idee?" Friederike schüttelte nur den Kopf. Es sah so aus, als ob ihr großes Ziel schon wieder in weite Ferne rücken würde.

Aber Lissy hatte sich massenweise Gedanken gemacht. „Ich habe mit den anderen in unserem Club gesprochen. Wir werden dir helfen." Sie deutete ziemlich entschieden auf ihre Notizen.

„Das ist ein Aktionsplan für dich. Was du jetzt brauchst, um wirklich Erfolg zu haben, sind drei Personal-Trainer. Die kannst du so lange nutzen, bis du alleine marschieren kannst oder dein Problem gelöst ist.

Tanja, die Neue in unserem Club, hat sehr viel Ahnung vom richtigen Essen und auch vom Zubereiten. Ihre Eltern haben einen Bio-Laden, sie kennt daher alles, was wichtig ist. Sie kann dein Ernährungscoach sein. Ich werde die Stelle der Modepolizei übernehmen."

„Da kriegst du aber einiges zu tun!"

Jetzt konnte Friederike fast schon wieder lächeln.

Aber Lissy fuhr ungerührt fort. „Ich werde mir beim ersten Mal gemeinsam mit dir deinen Kleiderschrank vornehmen. Wir werden gnadenlos alles aussortieren was zusätzlich dick macht. Und bei den nächsten Terminen, wenn du schon etwas leichter bist, zeige ich dir, wie du dich schicker anziehen kannst."

Friederike lächelte fast selig bei der Aussicht. „Und der dritte Coach?"

Jetzt grinste Lissy schelmisch. „Das wird dir besonders gefallen, es wird aber auch das härteste sein, das du durchhalten musst. Sporty wird mit dir trainieren und er kann ein Biest sein, wenn man versucht, sich zu drücken. Aber wenn du dich anstrengst, wird er dir wirklich helfen.

Die anderen sind mit ihren Aufgaben einverstanden. Aber du musst natürlich auch etwas geben."

„Meinst du Geld? Ich habe welches von meinem Dad."

„Nein, nur weil wir der Club der kleinen Millionäre sind, denken wir nicht ständig an Geld. Aber meine Omi sagt, dass sich die Energien ausgleichen müssen. Wenn du etwas bekommst, musst du auch etwas zurückgeben."

„Aber ich habe doch nichts."

Friederike sah die schöne Zukunftsvision schon wieder verschwinden, aber Lissy hatte offensichtlich auch darüber nachgedacht.

„Du bist sehr gut in Englisch. Sporty und ich würden ziemlich davon profitieren, wenn du einmal in der Woche mit uns übst. Und wenn du Tanja eine Stunde im Laden hilfst, dann hat sie auch etwas davon. Sie muss die Regale regelmäßig auffüllen und mit Hilfe geht das schneller. Bist du damit einverstanden? Haben wir einen Deal?"

Friederike hatte das Gefühl, als wäre ihr ein riesiger Stein vom Herzen geplumpst und freudig willigte sie in alles ein. Egal wie hart oder schwer es würde, so könnte sie es wirklich schaffen.

„Ich bin zwar nicht so gut wie Sporty, aber hättest du Lust, einen kleinen Test mit zu machen?"

Lissy hatte ihre Spielekonsole Wii, schon eingeschaltet und zeigte Friederike, wie sie eine kleine Figur gestaltete, die braune Haare und eine Brille hatte, genau wie sie.

„Wenn du auf das Board trittst, kann ich dich registrieren. Dann können wir ein Spiel oder auch einen kleinen Wettkampf machen. Allerdings wirst du vorher gewogen. Traust du dich?"

Friederike hätte alles getan, aber sich freiwillig ihrer Lieblingsfeindin, der Waage, auszuliefern? Nein!

Allerdings sah die Figur so nett aus und Lissy wollte
sie auch nicht enttäuschen, also stellte sie sich auf
das Board, allerdings mit geschlossenen Augen. Als
sie sie wieder öffnete, stöhnte sie fast vor Enttäu-
schung.

Die Figur, die sie darstellen sollte, sah jetzt aus wie
ein aufgeblasener dicker Mops.

Aber Lissy klopfte ihr beruhigend auf die Schulter.

„Da musst du durch! Auch wenn das im Augenblick
für dich schlimm aussieht, hier kannst du gut nach-
vollziehen, wie du dich verändern wirst.

Das wird richtig Spaß machen, zu sehen, wie auch
dein Ebenbild schlanker wird. Aber jetzt machen wir
erst mal Hüftrechnen. Du musst nur mit den Hüften
die richtigen Ballons anstoßen, damit die Summe
stimmt. Im Rechnen bist du immer besser als ich,
wahrscheinlich wirst du mich schlagen."

Und genauso kam es. Nachdem sie die 10-er Aufgaben, die 15-er Aufgaben und zuletzt noch die 20-er
Aufgaben gerechnet hatten, war Friederike eine stol-
ze Siegerin. Sie hatte gar nicht bemerkt, wie oft sie

sich dabei bewegen und anstrengen musste, sie hatte einfach nur Spaß gehabt.

„Schluss, ich kann nicht mehr!" Lissy stöhnte und schaltete die Wii wieder aus. „Lass und schnell noch die Termine machen. Tanja kann morgen zu dir kommen. Und einen Tag später könnten wir deinen Kleiderschrank erleichtern." Nachdem das geklärt war, ging Friederike zum ersten Mal seit langem mit einem guten Gefühl nach Hause, fast so als würden Weihnachtswünsche wirklich wahr.

Nachdem die Hausaufgaben erledigt waren, räumte sie abends völlig freiwillig ihr Zimmer auf, saugte Staub und wischte sogar die Regale und den Schreibtisch ab. Als sie auch noch die Bücher geordnet hatte, warf sie einen zufriedenen Blick auf ihr Zimmer. Mit Lissys Traumzimmer konnte sie sich natürlich nicht vergleichen, aber so gut hatte ihr Zimmer schon lange nicht ausgesehen.

Ihre Möbel waren dunkel, das frühere Jugendzimmer ihrer Mutter. Bisher hatte sie das nicht gestört, doch nach dem Besuch bei Lissy hätte sie auch lieber

mehr fröhlichere Farben in ihrem Zimmer gehabt.
Aber vielleicht konnte sie auch noch den einen oder
anderen Tipp von Lissy bekommen.
Auch das erste Gespräch mit Tanja, ihrem neuen
Ernährungscoach, stimmte sie schon etwas optimisti-
scher und jetzt freute sich fast auf die Inventur ihres
Kleiderschrankes.

Nachdem Lissy sich ihren Kleiderschrank vorgenom-
men hatte, bereute Friederike zum ersten Mal, nicht
mit ihrer Grandma zum Shopping gegangen zu sein.
Bisher hatte sie es tunlichst vermieden in Läden zu
gehen, wo man die Sachen anprobieren oder sich in
den fürchterlich großen Spiegeln der Umkleidekabi-
nen betrachten musste.
Jetzt hätte sie doch ganz gerne hübschere Klamotten
gehabt. Aber vielleicht demnächst?

Lissy hatte zunächst alle übergroßen Sachen zur Seite gelegt. „Untauglich! Die verstärken nur den Um-
fang. Du brauchst Sachen die locker sitzen und die
Pölsterchen verdecken, aber kein Vier-Mann-Zelt!"
Nachdem sie gründlich ausgeräumt hatten, blieben

doch noch einige Jeans und Sweatshirts, die unter Lissys strengen Augen bestanden hatten.

„Hast du eigentlich eine Lieblingsfarbe?"

Friederike dachte kurz nach und schüttelte den Kopf.

„Hauptsache dunkel, da fühle ich mich besser. Außerdem wüsste ich gar nicht, was zu mir passt."

Lissy schob sie vor den Spiegel, der zum Glück nur das Gesicht zeigte. „Du hast schöne braune Haare und ganz interessante blaugrüne Augen. Das könnten deine neuen Lieblingsfarben werden. Und natürlich Jeansblau, das passt immer.

Dunkle Farben sind immer dort gut, wo die stärksten Stellen am Köper abgedeckt werden, also für deine Jeans. Bei Oberteilen kannst du auch mal etwas Helleres tragen. Das lenkt von den Hüften ab.

Und du solltest deine Haare etwas lockerer tragen. So straff nach hinten gekämmt, lässt dich das abweisend wirken. Mit Ponyfransen würdest du lockerer aussehen. Und die Brille…"

„Ich weiß, die Brille ist fürchterlich, aber ich habe solche Angst vor dieser Operation."

„Wieso musst du operiert werden?" Lissy schaute sie verwundert an.

„Ich habe einen Augenfehler. Mein Dad wollte mich schon öfter überreden, das lasern zu lassen, aber ich traue mich nicht!"

Lissy dachte kurz daran, ihr mehr zuzureden. Besser wäre es aber, sie würde ihren Freund Ben vom Club der kleinen Millionäre bitten, im Internet genauer zu recherchieren und Friederike jetzt lieber zu einem anderen Thema zu führen.

„Was machst du mit den aussortierten Sachen?" Friederike schaute unschlüssig.

„Wahrscheinlich werde ich sie zur Kleidertonne bringen."

„Aber das wäre doch schade. Wir könnten sie fotografieren und über Ebay verkaufen. Die Einnahmen kannst du dann für neue Klamotten verwenden. Und die Sachen, die zu klein sind, brauchst du auch noch."

Lissy hielt ihr zwei Jeans zum Probieren hin. Friederike ließ schon wieder den Kopf hängen.

Natürlich gingen diese Hosen nicht zu, deswegen

waren sie ja aussortiert.

Aber Lissy holte aus ihrer Tasche ein Maßband, um die Differenz festzustellen. „Bei den braunen Jeans hast du 5 cm zu viel, bei den blauen nur 3cm.

Die blauen Jeans kannst du in drei Wochen wieder anziehen, bei den braunen dauert es etwas länger. Du kannst ja zwischendurch immer mal probieren und sparst dir so die Waage."

„Meinst du wirklich, das geht so schnell?" Friederike war total überrascht.

„Natürlich, wenn du die Vorgaben einhältst. Wie bist du denn mit Tanja verblieben?"

„Wir haben gestern über das Frühstück gesprochen. Hast du gewusst, dass Tanja auch mal dick war?"

„Ja, so kann sie dir doch noch besser helfen."

„Stimmt, ich habe heute Morgen mein Müsli so zube- reitet, wie sie es mir gezeigt hat. Aber meine Prob- lemzeit ist eher nachmittags und abends. Wenn ich mich langweile oder wenn ich mich beschimpfe, dann fang ich wieder an zu essen. Und das möchte ich wirklich nicht."

Schon saßen die Tränen wieder locker.

Lissy schaute sie aufmerksam an, fast wie Frau Herz. „Wieso langweilst du dich abends? Musst du nicht lernen oder etwas im Haushalt machen?"

„Nein, ich muss mein Zimmer sauber halten und meine Sachen waschen, sonst nichts. Für die Schule muss ich wenig machen, das fällt mir alles sehr leicht. Meistens lese ich abends."

„Du hast gar keinen Computer?" Lissy hatte schon beim ersten Blick in das Zimmer festgestellt, dass dort jegliche Technik fehlte.

„Ich hatte einen Laptop von meinem Dad, aber meine Mutter hat ihn eingeschlossen. Ich darf ihn nur am Samstag benutzen, wenn ich mit meinem Dad skype. Seit kurzem habe ich auch ein Handy, das habe ich zu Weihnachten bekommen, aber zur Sicherheit versteckt."

Lissy äußerte ihre Verwunderung nicht. Jede Familie schien ihre eigenen Regeln zu haben.

„Wenn du mir deine Nummer gibst, könnten wir uns auch verständigen, wenn es Änderungen gibt. Du kannst es ja stumm schalten, damit es niemand hört.

Ansonsten sehen wir uns morgen nach der Schule bei mir. Sporty kommt auch."

„Habt ihr etwas Bestimmtes, das ich mit euch üben soll?"

Jetzt lachte Lissy wieder. „Wir haben jede Menge Fragen, Sporty noch mehr als ich. Aber noch wichtiger ist, dass wir flüssiger sprechen lernen.

Stell dir vor, ich gehe später zur New Yorker Modewoche und kann mit niemandem reden. Und Sporty als zukünftiger Radprofi braucht das auch ganz dringend."

Das beruhigte Friederike ungemein, mit Englisch hatte sie wirklich keine Schwierigkeiten. Sie könnte später vielleicht sogar Englischlehrerin werden. Bei dieser Vorstellung musste sie zwar ein wenig schmunzeln, aber wenn sie erst schlanker wäre, wer weiß….

Die gute Stimmung von Friederike hielt lange an, war aber ganz schnell wieder verschwunden, als ihre Mutter nach Hause kam.

„Wieso hast du deine Sachen ausgeräumt? Bild dir bloß nicht ein, dass ich dir ständig neue Klamotten kaufe, nur weil du dich nicht beherrschen kannst. Warum bin ausgerechnet ich mit einem solchen nutzlosen Vielfraß gestraft?"

Friederike schwieg einfach, bis die Mutter wieder davon rauschte.

Manchmal wünschte sie sich, dass sie im Krankenhaus vertauscht worden wäre und irgendwo gäbe es eine liebevolle Mutter, die sich nach ihr sehnte.

Auch heute führten die Vorwürfe ihrer Mutter wieder dazu, dass sie sich fühlte, wie etwas Klebriges am Schuh, etwas, vor dem sich jeder ekelte.

Und wie immer begann genau dann, das zwanghafte Gefühl, unbedingt und sofort etwas essen zu müssen. Während Friederike ihren Blick suchend über ihre Geheimverstecke schweifen ließ, klingelte ihr Handy.

Eigentlich klingelte es nicht wirklich, sie hatte es ja leise geschaltet.

Jemand hatte ihr über Whats app eine Nachricht geschickt. Friederike setzte sich überrascht auf ihr Bett und starrte das Handy an. Bisher hatte sie nur mit ihrem Vater telefoniert.

Schnell tippte sie das Logo an und sah eine kleine Trickfigur, einen Mann mit einem dicken Bauch, der sang: *„Ich hab mich tausend Mal gewogen…."*
Friederike musste lachen.

Lissy hatte dazu geschrieben:"Das hat Ben aus unserem Club für dich aus dem Netz heruntergeladen. Ich weiß nicht, ob du es lustig findest. Aber vielleicht tröstet es dich, dass andere ähnliche Probleme haben. Nur leider haben sie nicht so tolle Trainer, wie du!"

Friederike fühlte sich überraschend schnell getröstet. Vergessen waren die bösen Bemerkungen ihrer Mutter. Lissy und sogar Ben hatten an sie gedacht und machten ihr Mut. Schnell klopfte sie die Augenpunkte und fühlte sich entschieden besser. Auch der Zwang zu essen war mittlerweile vergessen. Zufrieden kuschelte sie sich in ihr Bett.

4. Kapitel,

in dem Friederike den Club der kleinen Millionäre staunen lässt

Am nächsten Tag, als endlich wieder mal die Sonne schien, ging sie gemeinsam mit Lissy den nun schon vertrauten Weg. Sporty, der mit seinem Fahrrad voraus gefahren war, wartete schon im Hausflur, wo er sein wertvolles Rad an der Heizung angekettet hatte.

In Lissys Zimmer war bereits der große Tisch in die Mitte geschoben und eine Thermokanne mit Teegläsern war ebenfalls vorbereitet.

„Meine Mami hat heute Spätschicht im Krankenhaus, deshalb hat sie uns schon den Tee vorbereitet" Lissy füllte die Gläser ganz geschäftig und forderte die anderen auf, endlich Platz zu nehmen.

Sporty stand noch mit verschränkten Armen am Tisch und betrachtete Friederike, der es bei diesen prüfenden Blicken ziemlich mulmig wurde.

Er starrte sie mit seinen moosgrünen Augen misstrauisch an und fuhr sich aufgebracht durch die kastanienbraunen Locken, die bereits nach allen Seiten vom Kopf abstanden.

„Dich soll ich also trainieren. Friederike – wer heißt denn schon so? Ich werde dich Fritzi nennen - was dagegen?"

Friederike wurde rot vor Freude. Was sollte sie denn dagegen haben? „Mein Dad nennt mich auch so."

Aber das Verhör war noch nicht zu Ende.

„Du wirst dir manchmal wünschen, dass du einen anderen Trainer hättest. Ich bin ein schlimmer Schleifer!"

Trotz dieser energischen Ansprache lächelte Friederike selig. Sie würde alles schaffen, mit solchen Freunden an ihrer Seite.

„In welchen sportlichen Disziplinen bist du denn gut?"

Jetzt grinste sie fast. „Im Sport bin ich absolut talentfrei, aber ehrgeizig. Ich will es schaffen."

„Leute, wir sind hier nicht zu einem peinlichen Verhör, sondern um Englisch zu üben."

Lissy zog Sporty zu seinem Platz.

„Ich bin noch nicht fertig", protestierte er, „wieso

sprichst du überhaupt so gut englisch?"

Friederike lächelte bescheiden. „Das ist nichts Besonderes. Mein Dad ist Engländer. Ich fahre jedes Jahr in den Sommerferien und in den Weihnachtsferien zu ihm nach London oder zu meine Grandma Kate nach Canterbury."

„Das ist echt cool!" Sporty ließ sich verblüfft auf seinen Stuhl fallen und staunte Friederike an.

„Da hast du es ja mit der Muttermilch eingesogen oder so ähnlich. So was könnte mir auch gefallen, einen Vater in England. Super! Und du warst Weihnachten dort, was habt ihr gemacht?"

Friederike sah, dass sich beide gespannt vorbeugten und lächelte. *„Please, say it in English!"*

Und als Sporty brav seine Frage in Englisch zusammengestottert hatte, erzählte sie ihnen in bestem Oxford-Englisch von englischen Weihnachtsbräuchen, vom *Turkey*, vom *Christmas Pudding*, vom Spaß mit *Christmas Crackers*, vom Weihnachtssingen in der großen Kathedrale von Canterbury, vom *Winter Wonderland* im *Hydepark* und, und, und ....

Lissy und Sporty waren so gespannt und stellten so viele Fragen. Dabei fiel ihnen gar nicht auf, wie flüssig sie schon formulieren konnten und wie wenige Verbesserungen Friederike vornehmen musste.

Erst als Lissys Handy klingelte, fiel ihr auf, dass schon mehr als eine Stunde vergangen war. So schnell verging die Englisch-Stunde sonst nie. Auch Sporty war ganz hingerissen und hätte sicher noch einiges mehr fragen wollen, beschränkte sich aber.
„Hast du noch einen Tipp für die Aufgabe, die wir haben? So als Fachfrau fällt dir das sicher leicht."
„Du meinst das *going to-future*?"
„Natürlich, ich verstehe nicht, warum ich gehen formulieren soll, wenn ich doch gar nicht gehen will."
Sporty lehnte sich neugierig vor.
„Eigentlich ist es ganz einfach. Wenn du später Radprofi bist, wirst du auch zu internationalen Wettkämpfen gehen?"
„Na klar, gehe ich da hin!"
„Und wirst du wirklich gehen? Oder lieber fliegen oder fahren?"

„Sauber hingekriegt!" Jetzt grinste Sporty. „Du hast mich ganz schön reingelegt, aber jetzt habe ich es begriffen!"

Als Lissy die Übungsstunde abschloss, erhob sich Sporty voller Energie. „Höchste Zeit, sich wieder mal zu bewegen. Wir rosten sonst ein und verlieren die Muskeln. Oder wie wir Engländer sagen: *Use it or lose it!* Wir sollten schnell noch deine Kondition prüfen, dann könnte ich dir eine Aufgabe im Innenbereich geben. Draußen ist es einfach zu nass."

Und gemeinsam mit Friederike rannte er die beiden Treppen im Hausflur zweimal hoch und wieder runter. Mit beneidenswert ruhigem Atem stellte er fest. „Du keuchst wie eine Schildkröte mit Asthma. Hast du bei dir auch Treppen?"

Und als Friederike lediglich nickte und drei Finger hob, denn zum Sprechen reichte die Luft nicht, gab er ihr einen Zettel.

In Sportys höchst eigenwilliger Schrift stand dort:

Die Treppen täglich zweimal rennen, bis du nicht mehr keuchst.

Während Sporty sich verabschiedete und zu seinem Rad ging, das zum Glück völlig unversehrt war, kam Friederike noch einmal zu Lissy zurück.

Zuerst druckste sie noch ein wenig herum.

„Ich brauche doch noch ein Foto für Frau Herz, aber ich habe keins. Könntest du mich mit meinem Handy fotografieren?"

„Klar kein Problem", antwortete Lissy und machte die Aufnahme. „Aber wie willst du das ohne Computer bearbeiten?"

„Ich dachte an den Copy-Shop bei uns…" Friederike stotterte fast, während Lissy nur die Augen verdrehte und ihren Laptop hochfuhr.

In wenigen Minuten war das Foto übertragen und gespeichert, während Lissy begann mit Photoshop zu experimentieren. „Wie möchtest du denn aussehen?" Friederike beugte sich interessiert vor.

„So dünn, wie möglich!"

Aber Lissy lachte nur und zeigte ihr das gewünschte

Ergebnis. „Damit siehst du unmöglich aus, wie eine Bohnenstange aus dem Garten von meiner Omi. Du hast stärkere Knochen als ich, dazu brauchst du eine sportliche Figur. So in etwa."

Friederike beugte sich begeistert über Lissys Schulter. „Oh das ist wirklich gut! Und jetzt müsstest du mich mit einem 3-D-Drucker ausdrucken können. Das wär's!"

Lissy ließ sich von dem Seufzer nicht beeindrucken. „So eine Figur kriegt man nicht geschenkt. Aber wenn dein Fett erst weniger wird und du mehr Muskeln hast, wirst du eine richtig gute Sportlerin werden. Da kann sich Sporty warm anziehen."

5. Kapitel,

in dem Friederike viel über Essen lernt, den Hunger fast vergisst und alles leichter wird

Zum ersten Mal war eine Woche für Friederike wie im Flug vergangen und sie war wieder auf dem Weg zu ihrem Therapietermin. In ihrer Tasche trug sie stolz das bearbeitete Foto.

Lissy hatte sie auch ohne Brille und mit locker ge-zupften Haaren fotografiert und Friederike fand sich so toll. An diesem Bild hielt sie sich fest, wie an ei-nem Anker. Sie würde alles tun, um irgendwann wirklich so auszusehen, wie auf diesem Foto. Und wenn sie die blöde Treppe noch tausend Mal hoch und runter sprinten müsste, sie würde auch das schaffen.

Frau Herz war wieder sehr freundlich zu ihr und half ihr, das richtige Ziel zu formulieren, das Friederike gebetsmühlenartig wiederholen musste, während die Therapeutin Punkte klopfte oder wie sie sagte, Frie-derikes Programmierung änderte. Eigentlich dachte

Friederike, das sei gar nicht mehr nötig, denn das, was ihr Foto ausdrückte, war doch sowieso ihr sehnlichster Wunsch. Aber sie würde alle Hilfe annehmen, die sie bekommen konnte.

Als sie die Praxis erleichtert verließ, wartete Lissy schon im Flur auf sie. „Kannst du kurz reinkommen? Ich muss umdisponieren. Wir haben doch am Mittwoch das Treffen im Club der kleinen Millionäre. Es kommt eine Journalistin, die uns interviewen will. Deswegen dachte ich, wir besprechen was notwendig ist gleich heute. Wie war´s?"

„Gut", antwortete Friederike etwas zögerlich.

Lissy hatte schon ihre Wii eingeschaltet und schob sie in die Richtung.

„Ich weiß, dass dir das schwer fällt, aber wenn es geklappt hat, bekommst du heute Glitter auf dein Shirt."

Friederike wusste nicht, ob sie lachen oder stöhnen sollte, stellte sich aber tapfer auf das Board. Allerdings hielt sie die Augen fest geschlossen und öffnete sie erst als Lissy „Wow" schrie.

Sie konnte es kaum glauben und wäre beinahe vor Freude gehüpft, wie Lissy auch. Sie hatte 1,2 kg abgenommen!!

Abgenommen, nicht zugenommen! Sie konnte sich nicht erinnern, wann sie das jemals auf der Waage gesehen hatte.

Lissy klopfte ihr auf die Schulter. „Super! Oder wie Sporty sagen würde: Eins rauf mit Mütze! Du hast wirklich gekämpft. Dafür bekommst du einen Stern."

Friederike saß noch immer völlig geplättet in dem bequemen Sessel und beobachtete Lissy, die ganz fachmännisch mit dem Bügeleisen hantierte und auf Friederikes Sweatshirt einen silbernen Glitzerstern befestigte. „Ich habe Silber ausgewählt, weil das am besten zu deinem blaugrünen Shirt passt. Damit wirst du sehr gut aussehen. Das Shirt kannte ich noch gar nicht. Ist das neu?"

„Ja, meine Grandma hat das gekauft, als ich ihr von der Modepolizei erzählt habe."

„Das ist so schnell von Canterbury gekommen?"

Lissy stellte vorsichtig das Bügeleisen ab.

„Nein, natürlich nicht. Sie hat es über das Internet in unserem Kaufhaus gekauft. Ich brauchte es nur noch abzuholen."

 „Das ist echt cool. Und so wirst du auch aussehen. Vor allem, wenn ich dir noch einen Pony schneide." Von Friederike kamen keine Einwände, sie lächelte nur selig, als Lissy ihr die Fransen zurecht zupfte.

Als ihr Blick auf ein neues Gerät in der Zimmerecke fiel, kam ihr eine Idee. „Du hast ja eine Nähmaschine. Ist es schwer, damit zu nähen?" Lissy lächelte stolz, wie immer wenn sie ihre neueste Errungenschaft betrachtete.

„Schwer ist es nicht. Aber man muss es natürlich lernen. Ich hab vorher auf der Nähmaschine meiner Omi geübt. Warum fragst du?"

„Ich würde mein Zimmer gerne etwas farbiger machen und dachte an Kissen…."

Lissy kramte in einer Schublade. „Da hätte ich eine andere Idee. Ich habe hier noch ein Knäuel Wolle in Türkis. Für mein Zimmer ist die Farbe zu kräftig, aber bei dir würde sie sehr gut aussehen.

Kannst du häkeln?"

Friederike schüttelte mutlos den Kopf.

„Kein Problem. Ich zeige es dir, das lernst du schnell."

Und so kam es, dass Friederike abends doch sehr beschäftigt war, um einigermaßen gerade Reihen zu häkeln, denn sie wollte es gut machen und endlich Dinge können, wie die anderen Mädchen auch. Deshalb biss sie die Zähne zusammen und trennte die Fehler immer wieder auf, bis das Maschenbild einheitlich wirkte.

Jetzt konnte sie mit ihrem ersten eigenen Kissen beginnen, so wie es Lissy ihr gezeigt hatte. Zufrieden streckte sie sich abends im Bett. Es wurde ihr gar nicht bewusst, aber an Essen hatte sie überhaupt nicht gedacht.

Am nächsten Tag ging sie von Schule aus gleich mit Tanja nach Hause. Sie würde ihr beim Einräumen der Regale helfen und dann alles über das richtige Abendessen erfahren.

Tanjas Familie wohnte gar nicht so weit von Friederike entfernt, allerdings hatte sie sich bisher auch überhaupt nicht für einen Bioladen interessiert.

Jetzt betrachtete sie erstaunt, das sauber blitzende Geschäft und auch die vielen Menschen, die offensichtlich genau wussten, was in der Regalen und Körben lag. Im Unterschied zu ihr. Sie hatte nicht die geringste Ahnung.

Aber Tanja erklärte ihr die Gemüsearten wie Wirsing, Steckrüben, Topinambur, Zucchini oder Rosenkohl. Namen, die an Friederike vorbeirauschten wie unverständliche mathematische Formeln.

Aber Tanja lachte nur und zeigte ihr das Regal mit den Mehlen und Körnern, das sie auffüllen mussten. Wieder kam es Friederike vor, als sei sie in einem Paralleluniversum aufgewacht. War das wirklich alles zum Essen und schmeckte das auch?

Sie hätte sich nicht vorstellen können, wie man Chiasamen oder Quinoa essen sollte.

Gemeinsam mit Tanja räumte sie die neue Lieferung in die Regale, so kerzengerade, das ihr Tanjas Mutter anerkennend auf die Schulter klopfte und sie für ihre Akkuratesse lobte. Friederike freute sich so darüber, dass sie gar nicht bemerkte, wie schnell die Zeit verging und sie ihre Arbeit beenden konnten.

Anschließend saß sie mit Tanja in der großen Wohnküche über dem Laden und lernte Gemüse, genauer gesagt Wirsing, zu raspeln. Tanja hatte es ihr gezeigt und Friederike war schon echt gespannt, was sie daraus machen und wie es schmecken würde.

„Machst du immer das Abendessen?"

Tanja nickte stolz. „Das ist eine gute Übung für mich. Ich möchte später Köchin werden. Und was willst du später machen?"

„Keine Ahnung!" Friederike pustete ihre Ponyfransen aus dem Gesicht. „Mich interessiert im Moment eher, was ich machen kann, um wirklich abzunehmen. Nichts zu essen fällt mir so schwer. Wie hast du es geschafft?"

Tanja hatte inzwischen den Wirsing in einen großen Topf gefüllt, mit etwas Brühe aufgegossen und auf die Herdplatte gestellt. Jetzt setzte sie sich wieder zu Friederike.

„Das ist schon eine Weile her. Begonnen hatte es, als ich bei meiner Oma lebte und sie schwer krank wurde. Sie hatte Krebs und war zum Schluss ganz fürchterlich dünn. Ich weiß nicht, ob ich aus Angst so viel gegessen habe oder ob ich vermeiden wollte so dünn zu sein, wie sie.

Jedenfalls hatte ich ähnliche Probleme wie du. Anfangs habe ich auch versucht zu hungern, aber dass ist ganz falsch, weil man dann die ganze Zeit nur an Essen denkt. Um abzunehmen muss man nur das Richtige essen. Bei mir wurde es erst besser, als ich wieder zu meiner Mutti und meinem neuen Vater kam. Sie sind beide Trennköstler.

Das bedeutet keine Diät, sondern einfach eine Umstellung auf eine Ernährung, die fit macht. Wie das geht, muss dir nicht erklären, du wirst das heute erleben. Wir kochen gemeinsam und du isst mit uns."

Friederike schluckte. „Und deine Eltern haben nichts dagegen?"

„Warum sollten sie? Du hilfst mir doch wirklich sehr. Du könntest jetzt den Tisch decken, das Essen riecht schon gut. Heute gibt es Wirsingeintopf mit Putenwürstchen."

„Klingt gut!" Friederike sagte das sehr überzeugend,

obwohl sie keine Ahnung hatte, was auf sie zukam.

„Eigentlich ist unsere Trennkost ein wenig wie das Essen in England. Das wird dir helfen. Wenn ich das richtig gelesen habe, ist der Lunch oft kalt."

„Das stimmt, bei meiner Grandma gibt es erst abends zum Dinner warmes Essen."

Tanja rührte in dem großen Topf. „Wenn ich zuhause bin, essen wir auch mittags ein Vollkorn-Sandwich oder eine Suppe und frisches Gemüse dazu."

„So kann ich es auch machen." Friederike machte sich eifrig Notizen.

„Für dein Abendessen ist wichtig, dass du viel Gemüse isst und dazu Proteine."

„Die kenne ich aus Bio. Das sind Eier, Käse, Fisch und Fleisch."

„Richtig. Damit kannst du nachts die richtigen Nährstoffe produzieren, die deine Muskeln stärken und sie mehr Fett verbrennen lassen."

„Heißt das jeden Abend Eintopf oder Salat?"

„Nein, nicht unbedingt, aber es wäre ein guter Anfang. Außerdem ist Eintopf sehr praktisch."

Inzwischen hatte Tanja das Essen abgeschmeckt und

die Teller gefüllt. „Bevor wir essen kommt noch mein Highlight, ein Stückchen Bitterschokolade. Das esse ich immer vor dem Abendessen. Du bekommst auch eins."

Überrascht nahm Friederike die Schokolade entgegen. „Du meinst, ich darf auch mal naschen und kann trotzdem abnehmen?"

„Genau, das ist der Trick! Bitterschokolade ist nicht so süß, also auch nicht so gefährlich. Ich genieße dieses Stück vor dem Essen. Danach bin ich dann echt satt. Wenn ich das Süße später essen würde..."

„Alles klar, dann kann man nicht mehr aufhören. Das kenne ich!"

Irgendwie fühlte sie sich von Tanja gut verstanden und wenn sie alles auch so machen würde, dann würde sie bald einen zweiten Stern bekommen.

Als beide Mädchen am Tisch saßen, kam auch Tanjas Mutter, um gemeinsam mit ihnen zu essen.

„Ihr wart heute echt fleißig, Mädchen. Und du mein Schatz hast wieder wirklich lecker gekocht. Danke!"

Sie umarmte Tanja von hinten und küsste sie so liebevoll auf die Wange, dass Friederike ganz neidisch wurde.

So müssten alle Mütter sein, dachte sie und ließ sich das ungewohnte Essen schmecken.

Nachdem Tanjas Mutter gegessen hatte, ging sie in den Laden zurück und Tanja füllte erneut einen Teller, diesmal für ihren Vater, der sogar einen Nachschlag verlangte.

„Du wirst wirklich immer besser. Nicht mehr lange und wir können hier noch ein Restaurant eröffnen. Ich habe auch eine tolle Überraschung für dich, mein Spätzchen."

Er schob Tanja einen Flyer zu, auf dem ein Kochkurs für Kinder angeboten wurde. „Du kennst doch das große weiße Haus am See, in dem wir neulich zum Brunch waren.

Annie, die Frau, die diese Kurse anbietet, war früher mal meine Küchenchefin. Sie wird das bestimmt toll machen. Deine Mutti und ich möchten dir das gerne schenken, weil du uns so gut unterstützt und so viel Freude machst."

Tanja stieß einen Jubelruf aus. „Danke! Das habe ich

mir so gewünscht."

Als der Vater wieder zurück im Laden war, las sie den Flyer noch einmal aufmerksam durch und sah Friederike prüfend an.

„Hättest du nicht Lust mit mir zu diesem Kurs zu gehen. Es sind nur vier Samstage, aber ich denke, man kann eine Menge lernen. Und es geht auch darum, wie man sich gesünder ernähren kann. Es kostet allerdings eine Gebühr…"

„Das ist kein Problem, mein Dad hat mir ein Konto eingerichtet. Aber darf ich dann nicht mehr zu dir kommen?"

Tanja sah sie überrascht an und lachte.

„Wie kommst du denn darauf? Wenn wir am Samstag etwas lernen, müssen wir es doch auch nachkochen können. Wir müssen üben, um es genauso schmackhaft hin zu kriegen."

Und damit ging wieder ein Tag mit einem guten Gefühl zu Ende.

Am nächsten Tag erfuhr Friederike, dass Kochen wirklich gelernt sein muss. Gleich nach der Schule

hatte sie sich das Gemüse und Würstchen gekauft.
Wie von Tanja es empfohlen, hatte sie Wirsing ausgewählt, der schon zerkleinert und gefrostet war.
Aber irgendwie schmeckte es doch anders. Nicht
schlecht für ihr erstes selbstgekochtes Essen, aber
sie würde bei den Gewürzen noch etwas besser auf-
passen müssen.

Am nächsten Tag schmeckte der Eintopf wesentlich
besser, denn Tanja hatte ihr in der Pause die not-
wendigen Geheimzutaten für das Würzen aufge-
schrieben.

Für den Rest des Abends bereitete sie sich gewis-
senhaft auf die Englischstunde vor. Es sollte um alle
wichtigen Redewendungen gehen, mit der man sich
in einer Stadt wie London bewegen konnte, z.B. mit
dem Schiff, dem Taxi, mit der Untergrundbahn oder
den großen Bussen.

6. Kapitel.

in dem Friederike Speck-weg-Übungen erlernt und die kleinen Millionäre durch London reisen lässt

Als sie am nächsten Tag Lissys Zimmer betrat stutzte sie. Nicht nur Lissy und Sporty hatten sich zur Englisch-Stunde eingefunden, sondern auch die blonden Zwillinge Betty und Ben. Beide besuchten mittlerweile das Gymnasium und waren nicht mehr in Friederikes Klasse.

Friederike schaute Betty ganz überrascht an, deren Haare kunstvoll geflochten waren. Mit den hochgesteckten blonden Haaren sahen sich Lissy und Betty jetzt noch ähnlicher als vorher.

Nur die Farbe der Augen unterschied beide deutlich. Betty hatte wie ihr Bruder strahlend blaue Augen, während die von Lissy in leuchtendem Grün funkelten.

Betty stand auf und ging auf Friederike zu.

„Fritzi, ich hoffe, du bist nicht böse, dass wir beide

uns eingeschmuggelt haben. Aber Lissy und Sporty haben so von der Übungsstunde geschwärmt, dass wir auch dabei sein wollten. Wenn du einverstanden bist, würde ich dir dafür ein paar Speck-Weg-Übungen zeigen. Die kannst du machen, bis Sporty das Training draußen beginnt. Damit passen deine Jeans garantiert schneller."

Friederike hatte schon wieder das Gefühl, im falschen Film zu sein. Zwei Gymnasiasten wollten von ihr lernen, wie cool war das denn!

„Ich bin total unfähig, was Gymnastik betrifft", meldete sich Ben zu Wort. „Aber ich habe diese kleine Vanille-Creme für dich. Die reibst du auf deine Hand und schnupperst oft daran, dann vergeht dir die Lust zu naschen. Den Tipp habe ich aus dem Internet. Es ist wissenschaftlich erwiesen, dass Menschen die dauernd Süßes riechen, gar keinen Appetit mehr darauf haben."

„Danke, das ist toll, aber das war doch sicher teuer." Friederike, die sonst selten Geschenke bekam, war sichtlich verlegen.

Aber Ben grinste nur. „Als ich den Verkäuferinnen von diesem Tipp erzählt habe, waren sie so erfreut, dass sie mir eine Probe geschenkt haben. Und die kriegst jetzt du.“

Obwohl sich alle fast am Tisch drängen mussten, verging die Übungsstunde wie im Flug.

Noch auf dem Heimweg musste Friederike lächeln, wie gut alles geklappt hatte. Sie war immer die Fahrkartenverkäuferin oder die Auskunftsperson gewesen und jeder hatte nach dem Weg oder der Abfahrtszeit des Busses oder der Londoner Tube gefragt.

Nur Sporty wollte keine Frage stellen. Er hatte sich bequem auf seinem Stuhl zurückgelehnt, gegrinst und behauptet: „*I am a joy-rider!*“

„Oh du hast ein Auto geknackt?“, hatte sich Friederike gewundert.

„Nein, ich bin ein Schwarzfahrer!“ Und wieder hatte Sporty siegessicher gegrinst. Aber sie hatte ihn ganz locker korrigiert. „Da müsstest du dich *fare dodger* nennen. Aber das kannst du dir für London abschminken. Dort kommst du nur in die Bahn, wenn du durch eine Sperre gehst und die öffnet sich ohne

Fahrschein nicht." Alle hatten gelacht, denn Schwarzfahrer wollte von den Anderen keiner sein.

Gerade als Friederike gehen wollte, hatte Lissy sie nach Tanja gefragt und sie hatte von dem Kochkurs für Kinder berichtet. Als sie das Datum und den Ort nannte, fingen Sporty und die Zwillinge an zu lachen.
„Dann geht ja die ganze Bande zu den Silver Girls", rief Sporty.
Und Betty zeigte ihr einen ähnlichen Flyer und erklärte den Zusammenhang.
„Wir drei gehen zu einem Handwerkerkurs, der auch dort stattfindet. Sporty will sein Baumhaus noch verbessern und wir wollen ja später Spielzeug herstellen. Noddy, den kennst du auch noch, kommt mit euch zum Kochkurs."
„Und ich", setzte Lissy fort, „gehe zum Nähkurs. Bevor ich wieder neue Klamotten entwerfen darf, muss ich noch viel mehr über das Nähen lernen."

Wenn sich das Wetter nicht so gravierend geändert hätte, wäre es Friederike gar nicht aufgefallen, dass

der Januar schon fast vorüber war. Sie hatte jetzt ein
straffes Programm, mit dem sie sich nicht mehr
langweilte. Immer am Montag ging sie zur Therapie,
am nächsten Tag zu Tanja. Danach kam die Modepolizei und am Donnerstag die Englischstunde. Freitag
war für den Sport mit Betty reserviert, mit dem sie
gerade angefangen hatten.

Betty hatte ihr drei Übungen gezeigt und so lange
mit ihr geübt, bis sie richtig saßen. Die Seitbeuge
war leicht und würde auch den besten Erfolg ver-
sprechen, denn mittlerweile ließen sich die blauen
Jeans wieder locker schließen. Die Beckenschaukel
sollte Po und Oberschenkel straffen. Auch sie war im
Vergleich zur Bauchübung absolut easy.
Aber Betty hatte betont, diese Übung sei das Ein-
fachste, um den schwabbligen Bauch fester zu machen. Dafür musste Friederike in die Bankstellung
gehen, alle Luft ausatmen und dann die Bauchmus-
keln anziehen. Wenn sie alles richtig machte, war
anstelle ihres runden Bauches ein Loch. Wirklich ein
Loch, als ob die Bauchdecke an der Wirbelsäule an-

getackert wäre. Allerdings nur, bis sie wieder Luft
holen musste. Dann fiel alles wieder zusammen,
sie musste lachen und das Ganze wiederholen.
Auch Betty war viel netter, als Friederike gedacht
hätte.

Wegen der Haarfrisur erzählte sie ihr von den Foto-
aufnahmen, die sie und Ben am Tag der Englisch-
Übung gemacht hatten. „Zu einem Dirndl gehört eine
solche Frisur. Du hast dich sicher gewundert. Ben
und ich haben jetzt schon einige Fotoshots gemacht,
wir sind schon fast Profis und unser Sparschwein
freut sich.

Machst du auch irgendeinen Job? Falls du auch zu
unserem Club stoßen willst, solltest du daran denken."

Friederike kam aus dem Staunen nicht mehr heraus.
Betty vom Club der kleinen Millionäre fragte sie, ob
sie dabei sein wollte. Das war wie Ostern, Weihnachten und Geburtstag zusammen.

„Das mache ich ganz bestimmt", versicherte sie eifrig, auch wenn sie sich so etwas überhaupt noch
nicht vorstellen konnte.

Nach den Übungen zog Betty ein Maßband aus der Tasche. „Das habe ich bei Ikea für dich abgestaubt."
„Du hast das geklaut?" Friederike war erschrocken, aber Betty lachte unbekümmert.
„Das brauchte ich nicht, der Verkäufer hat es mir geschenkt. Damit könntest du deine Taille und die stärkste Stelle über dem Po einmal in der Woche messen. Mir hilft das immer, wenn ich vergleichen kann und sehe, dass es vorwärts geht."

Und das tat es auch. Friederike fühlte sich nicht nur körperlich leichter, sie hatte auch mehr Spaß. Am meisten freute sie sich, wenn die Modepolizei ange-sagt war.
Beim letzten Mal hatte Lissy einen Katalog für Som-merkleidung mitgebracht.
Gemeinsam hatten sie dann ausgewählt, womit Frie-derike im Sommer schicker aussehen würde, zum Beispiel mit einer Caprihose in blaugrün und einem Shirt in einem helleren Farbton. Alle Modelle, die ihr gefielen, hatte sie sich ausgeschnitten und in ihr Wunschbuch geklebt.

7. Kapitel,

in dem Friederike mit den anderen einen Kochkurs besucht und heldenhaft verteidigt wird

Als der Februar die nasse Kälte des Januars mit klirrendem Frost ablöste, war sie wieder auf dem Weg zu etwas Neuem, Spannendem.

Gemeinsam mit Tanja, die schon eine richtige Freundin war, stapfte sie durch den festgefahrenen Schnee, immer darauf bedacht nicht zu fallen. Das Haus am See war nicht wirklich weit, aber es war teuflisch glatt.

Als ihnen zwei Jungs entgegenkamen, zog Friederike Tanja vorsorglich zur Seite. Aber vergebens, die beiden hatten sie gesehen.

„Ach, wer tritt denn hier Löcher ins Eis, die dicke Friederike! Pass bloß auf, dass du nicht hinfällst, wer soll denn dann den großen Fettfleck wegmachen?"

Friederike drehte sich nicht um, solche Sprüche ihrer Mitschüler kannte sie zu Genüge.

Aber von der anderen Seite kam Sporty wie der Blitz angesaust, bremste kurz, sprang vom Rad und packte den Rufer.

„Wer riskiert denn da die große Lippe? Der Connie, der die 5. Klasse wiederholt, weil ihm `ne Menge Hirn fehlt. Fritzi mag noch dick sein, aber sie ist schlau. Du bist dünn, aber doof. Fritzi kann sich ändern, sie wird abnehmen, aber du bleibst doof! Geh in dich und denk darüber nach. Vor allem geh uns aus dem Weg, du Pfeife!"

Und mit einem kräftigen Schubs beförderte er den Störenfried zur Seite. Leider verlor der dabei die Balance und rutschte die abschüssige Straße, unter dem Gelächter der anderen Kinder, auf seinem Po herunter. Sein Begleiter hatte sich gleich davon gemacht, denn mit Sporty war nicht gut Kirschen essen, wenn er wütend war.

Friederike war richtiggehend gerührt und wollte sich bei Sporty bedanken, aber der schüttelte nur den Kopf. „Mein Onkel Mats sagt in solchen Situationen immer: *Herr, lass Hirn regnen oder schmeiß Steine! Hauptsache du triffst.* Ich wäre mehr für das zweite. "

 Mittlerweile waren auch die Zwillinge sowie Lissy und Noddy zur Gruppe gestoßen und jubelten über Sportys drastische Aktion. Ben und Noddy klatschten ihn begeistert ab. „Meine Oma sagt bei so etwas immer DBDDHKP", rief Ben und lachte.

Noddy, dessen Verwandte nie solche coolen Sachen von sich gaben, staunte. „Und das heißt was?"

„Ganz einfach", grinste Ben. „ *Doof bleibt doof, da helfen keine Pillen!*"

Vor dem weißen Haus trennte sich die Gruppe. Die zukünftigen Handwerker gingen zur Werkstatt, die sich weiter hinten auf dem Gelände befand, Lissy suchte ihren Nähkurs, während Friederike, Tanja und Noddy von einer freundlichen Frau mit leuchtend roten Haaren empfangen wurden.

Das musste Annie sein, von der Tanjas Vater gespro-chen hatte. Sie begrüßte alle sehr herzlich und nach-dem sie ihre Haare unter einer Kochmütze verborgen hatte, bekamen auch alle sechs Teilnehmer ebensol-che, allerdings etwas kleiner. Und natürlich Koch-schürzen, wie echte Köche.

Danach stellten sich alle an ihre Arbeitsplätze. Tanja zog Friederike gleich zum Platz neben sich. Die war dankbar dafür, weil sie sich fürchterlich unsicher fühlte. Alle anderen Kinder waren schlank, dann musste sie hier doch am falschen Ort sein!

Und als Annie begann, die Kinder zu fragen, weshalb sie Kochen lernen wollten, brach ihr schon der Angstschweiß aus. Aber Tanja rettete sie, in dem sie für beide antwortete. „Wir sind hier, um besser kochen zu lernen, vor allem Essen, das richtig fit macht."

Mit dieser Antwort hatte sie genau Annies Anliegen getroffen. Denn die hob anerkennend den Daumen. Neben Friederike stand Noddy, der früher auch in ihrer Klasse war und äußerte sich sehr selbstbewusst.

„Ich werde später Erfinder, aber nur für Sachen, die das Leben leichter machen. Und nach meinen Recherchen ist die Küche dafür ein weites Feld."

„Wie recht du hast", schmunzelte Annie.

Dann klatschte sie in die Hände und rief: „Lasst uns anfangen. Wir kochen heute eine Kürbis-Apfel-Suppe und dazu gibt es noch Knusperstangen. An die Arbeit!"

Und schon teilte sie die Zutaten aus und zeigte allen, wie man die Schale von einem Butternusskürbis mit dem Gemüseschäler entfernte und dann die störenden Fasern und Kerne aus dem Innenbereich los wurde.

Mit großer Begeisterung vollzogen die Kinder ihre Aufgabe, wenn auch einige der Meinung waren, die Kürbisse müssten auch ein wenig halloweenmäßig aussehen. Danach kamen die Äpfel und die Zwiebeln an die Reihe und wurden ebenfalls fein gewürfelt, den strengen Augen der Chefköchin präsentiert.

Tanja bekam ein extra Lob, weil sie sehr schnell und sehr ordentlich gearbeitet hatte. Auch Friederike erhielt ein zufriedenes Schulterklopfen von Annie. Offensichtlich zahlten sich ihre Übungsstunden doch schon aus. Inzwischen hatte Annie etwas Ingwer und Knoblauch vorbereitet und die Apfelstücke mit Zitro-

nensaft begossen. Als im großen Topf die Hühner-
brühe aufkochte, brachte jedes Kind seine Zutaten
und füllte sie ein.

Danach wurden die Werkzeuge wieder, wie in einer
Profiküche gesäubert und einsortiert.

Für die Knusperstangen verteilte Annie Scheiben aus
Vollkorn-Toast. Daraus konnten die Kinder Sterne
und Herzen ausstechen oder einfach nur schmale
Streifen schneiden. Die wurden dann auf Blechen mit
etwas Trüffelöl eingepinselt und in den Ofen geschoben.

Als die Knusperstangen verführerisch zu duften begannen, waren auch die Kürbisstücken weich.

Annie ließ die Kinder zurücktreten und zerkleinerte
alles mit einem großen Profi-Mixstab. Als die Suppe
mit Apfelsaft und einem Schuss Sahne aufgefüllt war,
durfte jeder der zukünftigen Köche kosten und sein
fachmännisches Urteil abgeben.

Die feinste Zunge hatte Tanja, die sofort rief: „Es
fehlt noch Curry."

Das Gelingen der Suppe wurde dann von allen mit
einem Beifall für die Chefköchin und dem

abschließenden Essen gefeiert.

Als die Handwerker und Lissy kamen um die anderen abzuholen, wurden sie von Annie eingeladen. „Wenn ihr wollt, schnappt euch einen Teller. Es ist noch genügend da.“

Friederike fühlte sich wie auf Wolke sieben. Ein gelungener Vormittag, ein gutes Essen und so viel Freunde. Irgendwie mussten ihre sehnlichsten Wünsche, doch die richtige Adresse gefunden haben. Vergessen waren die Angst und die Beklemmung vom Beginn.

8.Kapitel,

in dem Friederikes geheime Ängste ver-
schwinden und sie fast zu einer Heldin wird

Sonntag war einer von Friederikes kritischen Tagen.
Sie spulte zwar ihr Programm ab, rannte die blöde
Treppe morgens und nachmittags, machte ihre
Speck-weg-Übungen, kochte ihr Essen und wenn sie
schon ganz verzweifelt war, häkelte sie an einem
neuen Kissen.

Zwei lagen schon auf ihrem Bett. Grandma Kate hatte sie sehr gelobt, nachdem sie mit ihrem Handy alle
Veränderungen im Zimmer dokumentiert hatte. Auch
ihr Dad hatte sich über die Selfies mit den jetzt
schon zu weiten Jeans sehr gefreut.

Ihre Mutter sah sie kaum, weil die spät abends nach
Hause kam und morgens sehr früh wieder ging.
Manchmal kam sie auch gar nicht. Friederike schäm-
te sich manchmal, wie erleichtert sie immer dann
war, wenn die Mutter gar nicht aufkreuzte. So wie
heute, sie hatte ihr nur kurz zugerufen, sie sei auf
Dienstreise.

Friederike fehlte sie nicht. Was ihr am Sonntag mehr fehlte, waren ihre neuen Freunde oder das, was sie als Familienleben bei den anderen erlebte. Sie hätte gerne so eine liebevolle Familie gehabt, wie Tanja oder Lissy. Aber inzwischen war sie auch sicher, dass nicht sie schuld war an der Lieblosigkeit ihrer Mutter.

Sie hatte in der Therapie Frau Herz ihre größte Angst gestanden. „Wenn ich so wäre, wie andere Kinder, schlank und hübsch, dann würde mich meine Mutter sicher mehr mögen. Also bin ich selber schuld."
Frau Herz hatte gelächelt. „Kannst du dich an die Bilder von deiner Einschulung erinnern? Du hast das Foto bei mir vergessen. Schau dich noch einmal an. Wie sahst du da aus?"
Und Friederike erinnerte sich genau an das strahlende Gesicht, das sie gemacht hatte, als ihr Dad sie fotografiert hatte.
Stimmt! Damals war sie ein schlankes, glückliches Kind gewesen. Das Gesicht ihrer Mutter, die hinter ihr stand, sah anders aus. Gleichgültig, traurig, auf jeden Fall nicht glücklich. „Wenn deine Mutter dich

nicht so lieb hat, wie du es verdienst, dann liegt es auf keinen Fall an dir. Du bist ein sehr tapferes und liebenswertes Kind. Aber vielleicht hat deine Mutter selbst keine Liebe erfahren. Es könnte also sein, dass dort die Probleme deiner Mutter begonnen haben, auf keinen Fall durch dich. Du machst so große Fortschritte in der Therapie und ich bin sehr zufrieden mit deinem Einsatz. Außerdem sieht man das auch schon deutlich."

Friederike freute sich, wenn andere ihre Fortschritte anerkannten. Sie selbst konnte es immer noch nicht so richtig glauben, aber sie hatte ihre Maße für Bauch und Taille aufgelistet, wie Betty vorgeschlagen hatte und betrachtete sie häufig dann, wenn es ihr nicht schnell genug ging.

Auch die Figur auf Lissys Wii sah jetzt schon so gut aus, dass Friederike fast gerne auf die Waage stieg. Der Drang, unbedingt etwas essen zu müssen, hatte wirklich nachgelassen.

Nur manchmal, wenn sie wieder das Gefühl hatte, bei andern würde alles viel schneller und besser laufen, meldete sich die Naschlust.

Dann schnupperte sie schnell an ihrer Vanillecreme und erinnerte sich daran, was sie für tolle Freunde hatte.

Inzwischen war sie auch ein richtiges Mitglied im Club der kleinen Millionäre und Betty hatte ihr genau erklärt, wie sie die Hälfte ihres Taschengeldes sparen und den Rest mit den drei Gläsern für Schulsachen, Naschen und Spaß clever einteilen konnte. Wie sie allerdings an einen kleinen Job für einen Zusatzverdienst kommen sollte, wie ihn die anderen hatten, das wusste sie noch nicht.

Als sie sich am Dienstag auf den Weg zu Tanja machte, fielen ihr viele Kinder mit Masken und lustigen Verkleidungen auf. Aha, Fasching, dachte Friederike. Sie konnte dem Verkleiden bisher eigentlich nichts abgewinnen. Sie hätte ja höchstens als Elefant gehen können, aber vielleicht nächstes Jahr, wer weiß?

Im Bio-Laden war heute nicht so viel los. Ungehindert vom sonstigen Kundenstrom, hatten beide Mädchen ihre Aufgaben schnell erledigt und die Regale aufgefüllt. Gerade als Friederike Tanja nach oben in die Wohnküche folgen wollte, kamen drei schlaksige Jugendliche in den Laden. Ihre Gesichter waren hinter skurrilen Tier-Masken verborgen. Einer blieb an der Tür stehen, während die anderen auf Tanjas Vater zugingen.

Friederike war stehengeblieben und schnappte erschrocken nach Luft, als einer der beiden eine Pistole zog. „Mach die Kasse auf, Alter!" Auch der zweite fuchtelte mit einer Waffe herum. „Ein bisschen schneller, gib uns das ganze Geld!"

Tanjas Vater bemühte sich ruhig zu bleiben. „Lasst den Quatsch, Jungs. Meine Frau ist hinten im Büro. Sie ruft gerade die Polizei. Das kann böse für euch ausgehen."

„Ha, die Polizei, da kann sie lange rufen, ehe die ausrücken", höhnte der Größere.

Und der zweite forderte erneut: „Her mit dem Geld!"

Genau in diesem Moment war eine Polizeisirene zu hören, erst weiter entfernt, dann immer näher kom-

mend. „Oh Scheiße, die Bullen kommen tatsächlich.
Lasst uns bloß schnell abhauen!"

Und völlig panisch rannten alle drei aus dem Geschäft. Tanjas Vater schaute nach den Mädchen.

„Seid ihr in Ordnung?"

Tanja, die inzwischen wieder heruntergekommen
war, nickte.

„Ja dann, werde ich mal schauen, wieso die Polizei
sogar ohne Anruf kommt."

„Das brauchst du nicht", grinste Tanja. „Die ist schon
hier."

„Was, wieso? Das war gar nicht die Polizei?" Tanjas
Vater konnte das überhaupt nicht fassen.

„Es war Fritzi, sie hat die Sirene nachgeahmt. Das
war supertoll!" Tanja umarmte Friederike freudestrahlend und ihr Vater klopfte ihr immer wieder auf
die Schultern.

„Mädchen, du bist ja eine Heldin, dafür hättest du
einen Orden verdient. Wie hast du denn das gemacht?"

„Ach, das war nichts Besonderes. Ich habe mich früher oft zu Hause gelangweilt, deshalb habe ich Ge-

räusche nachgemacht, die ich häufig gehört habe.
Manchmal habe ich ein ganzes Hörspiel geschafft,
mit Tiergeräuschen, Schüssen und eben auch der
Polizeisirene".

„Oh, Fritzi, mir war fast das Herz stehen geblieben.
Hattest du denn keine Angst?"

Und wieder fiel ihr Tanja um den Hals. „Das war echt
spitzenmäßig!"

Auch Tanja Mutter, die von einem Arzttermin kam,
hörte sich die Geschichte zunächst voller Entsetzen
und dann aber mit Erleichterung an.

„Wir sollten trotzdem die Polizei informieren", entschied Tanjas Vater. „Vielleicht ziehen die diese
Nummer noch bei anderen ab, die nicht so viel Glück
haben wie wir. Ich kenne jemanden in der Wache,
die werden sich wundern, wie tapfer unsere Fritzi
war."

Friederike wurde an diesem Tag noch so oft gelobt
und umarmt, dass ihr fast schwindlig wurde.

Und nachdem Tanja die ganze spannende Geschichte am nächsten Tag in der Klasse erzählt hatte, gab
es zum ersten Mal anerkennende Worte der Mitschü-

ler für Friederike.

Bei einigen Mädchen hatte sie sogar das Gefühl, nicht mehr unsichtbar zu sein, sondern wirklich wahrgenommen zu werden.

Und natürlich musste sie in der Englisch-Übungsstunde am Donnerstag Proben ihres Könnens abliefern.

Gut, dass sie sowieso den Besuch des Londoner Zoos geplant hatte. Dazu passten alle Tiergeräusche, aber natürlich wollten die anderen auch die mittlerweile schon berühmte Polizeisirene hören.

Die Geschichte, wie ein kleines Mädchen drei Möchtegern-Gauner reinlegte, machte die Runde auch unter den Geschäftsleuten und Kunden im Viertel und landete sogar in der Lokalzeitung.

9.Kapitel,

in dem die kleinen Millionäre erfahren, welches Essen ihr Gehirn fitter macht

Beim nächsten Kochkurs ging es um das Thema Pausenbrote oder Sandwiches, aber keinesfalls um langweilige Klappstullen, wie Annie betonte, sondern um interessante, oberleckere Kunstwerke.

Zunächst erklärte sie, was das Gehirn morgens braucht, damit Schüler ihre Lehrer mit einem messerscharfen Verstand beeindrucken und viel lernen und behalten können.

„Für eure Pausenbrote ist 4 x V entscheidend. Das ist jetzt kein Geheimcode, sondern ein Buchstabenspiel, damit ihr das Wichtigste leichter merken könnt.

Das 1. V – steht für Vollkornbrot, denn Weißmehl und Zucker machen euch morgens unruhig und unkonzentriert."

Friederike war sehr beeindruckt, als Annie demonstrierte, wie zu viel Süßes ein aktives Gehirn regelrecht lahmlegen konnte. So schläfrig hatte sie sich oft morgens gefühlt, wenn ihr Frühstück aus süßen Teilchen vom Bäcker bestand. Jetzt hielt sie sich zwar an Tanja Frühstücks-Tipps, aber ihr Pausenbrot kam leider immer noch vom Bäcker. Gut, dass Annie so viele Vorschläge hatte.

„ Das 2. V – steht für Vitamine. Davon braucht das Gehirn besonders C und die B-Vitamine.

Also packt Möhren- und Kohlrabistifte, Gurken- und Tomatenscheiben, Paprikaringe, Äpfel, Birnen, Orangenstücke und anderes in eure Frühstücksbox.

Vollkornbrot und Vitamine braucht ihr immer!

Das 3. V – steht für veränderlich. Das heißt alles, was ihr euch sonst auf eurem Brot wünscht, wie Frischkäse, Ei, Schinken, Salami oder auch Bananen, soll nicht jeden Tag das Gleiche sein, sondern abwechslungsreich.

Und das 4. V – steht für Vergnügen. Pausenbrot soll gut schmecken und vergnüglich aussehen."

Friederike hatte fleißig Annies Vorschläge notiert und verfolgte genauso aufmerksam, wie die anderen Teilnehmer, wie es jetzt weitergehen würde.

Annie klatschte in die Hände.

„Am besten machen wir einen kleinen Wettbewerb.
Jeder findet an seinem Arbeitsplatz unterschiedliche
Zutaten. Gestaltet daraus das Pausenbrot eurer
Wünsche oder auch zwei."

Eifriges Sortieren und Zubereiten folgte. Annie ging
durch die Reihen und freute sich über die kreativen
Ergebnisse.

Da gab es Marienkäfer aus Radieschen; Brotspieße
mit Gurke, Käse und Minitomaten; ein grünes Smiley
aus Schnittlauch auf Frischkäse; Salatblätter als Se-
gel auf einem Käseschiff und, und, und...

Friederike hatte ein Brottürmchen gebaut. Annie war
sehr zufrieden damit, obwohl es ein wenig wackelte,
da sie besonders viel Gemüse verwendet hatte.

Ein wenig neidvoll hatte sie Tanjas Kunstwerk be-
trachtet. Eine Katze aus gekochten Eischeiben und
Gurkenstückchen auf Vollkorntoast, die damit den
Wettbewerb verdient gewann.

Anschließend gab es noch die Möglichkeit, gute
Ideen von anderen nachzugestalten, so dass schon

ein Riesenberg an Sandwiches und anderen Formen
entstand.

Friederike machte mit ihrem Handy viele Fotos, um
alle Ideen aufzunehmen und die Rezepte wiederholen zu können.

Nachdem die Berge von Pausenbroten in Rekordge-
schwindigkeit vertilgt waren, machten sich die
Freunde auf den Heimweg, wo sie Sporty trafen.

Der war schwer begeistert von den Männern, die die
Kinder im Handwerkerkurs anleiteten.

Am besten gefiel ihm Peter, ein ehemaliger Sportlehrer. Schließlich wollte Sporty später mal etwas Ähn-
liches werden und die Nationalmannschaft im Rad-
fahren trainieren. Peter hatte ihm von einer Walking-
strecke ganz in der Nähe erzählt, die sich gut für das
Training mit Fritzi eignen würde.

Bevor sie sich trennten, fixierte er sie wieder mit seinem strengen Trainerblick.

„*Are you still panting?* – Keuchst du immer noch?"
Friederike nickte beschämt und schaute nach unten.
Sportys einziger Kommentar bestand aus: „*That's*

bullshit! Keep going!"

Jetzt lachte sie. „Klar mache ich weiter. Es ist ja auch schon besser geworden. Englische Schimpfwörter hast du aber auch schon ganz gut drauf."

„Man tut was man kann", grinste Sporty. „Wenn sich das trockene Wetter hält, könnten wir nächste Woche die Walkingstrecke ausprobieren, von der uns Peter erzählt hat. Du musst dich nicht alleine schinden. Ben und Noddy kommen dann auch."

In der nächsten Therapiestunde lernte Friederike eine Übung kennen, die später oft und gerne anwenden würde, den Ich-Verstärker.

Frau Herz hatte ihr genau erklärt, was sie am sogenannten Wunden Punkt auf der linken Brustseite beeinflussen konnte. Das Reiben und das häufige Wiederholen der Zauberformel *Ich bin okay!* würde sie stärker machen und ihr helfen, an sich zu glauben.

Das machte Friederike jetzt jeden Morgen. Nach dem Zähneputzen schaute sie sich schon ohne Probleme im Spiegel an und flüsterte die Zauberformel.

Manchmal fügte sie auch an, womit sie zurzeit noch nicht zufrieden war. Aber immer dann, wenn sie sagte: *„Ich bin okay, auch wenn die braunen Jeans noch zu eng sind"*, dann fühlte sie das auch. Sie konnte ohne Einschränkungen wirklich stolz auf sich sein.

Auch am Dienstag gab es erneuten Grund zur Freude. Sie und Tanja hatten es endlich geschafft, die Kürbis-Apfel-Suppe so hinzukriegen, wie sie bei Annie geschmeckt hatte. Als Tanjas Vater sie dafür lobte, konnte Friederike, das auch als ihre Leistung anerkennen.

Noch aufregender wurde es, als er erzählte. „Die Jugendlichen, die neulich den Überfall versucht haben, sind festgenommen worden. Eigentlich durch deine Hilfe, Fritzi."

„Was, wieso? Ich war doch gar nicht dabei!" Friederike geriet vor lauter Überraschung ins Stottern.

„Natürlich nicht", lachte Tanjas Vater. „Aber als die Polizeisirene erklang, haben diese kleinen Idioten gedacht, es wäre wieder ein *Fake* und haben seelenruhig weitergemacht. Ihr Pech, dass es diesmal die echte Polizei war."

„Da bin ich aber erleichtert!" Tanja hatte sich schon Sorgen gemacht, dass die Jugendlichen sich an ihrer Familie oder Fritzi rächen könnten. Aber jetzt würden diese Typen erstmal andere Sorgen haben.

„Übrigens kommt heute noch jemand vom Lokalsender. Er möchte mit dir sprechen, Fritzi. Wenn du nicht alleine mit ihm reden willst, kann ich dabei sein."

„Das schaffe ich schon", versicherte Friederike, auch wenn sie plötzlich Herzklopfen bekam.

Das hätte sie eigentlich nicht gebraucht, denn Leslie vom Radiosender war höchstens vier Jahre älter als sie, aber so wie er redete, war er schon ein alter Hase, was Kindersendungen anbetraf.

„Wir haben davon gehört, wie du die Kerle beim Überfall reingelegt hast. Das fanden wir schon toll. Inzwischen weiß ich auch, dass du Tierstimmen imitieren kannst. Das würde super passen.

Wir wollen nach den Frühjahrsferien mit einer Folge von Tiersendungen beginnen und wir hätten dich gerne dabei."

„Als was denn?" Friederike war froh, dass sie wenigstens drei Wörter herausbrachte, denn vor Aufregung war ihr Mund wie ausgetrocknet.

„Als Moderatorin natürlich!" Als Leslie sah, dass Friederikes Augen vor Staunen immer größer wurden, fügte er hinzu: „Wir beide machen das gemeinsam. Und ich erkläre dir alles vorher, wie es läuft. Hättest du Lust?"

Friederike holte tief Luft. „Wäre das so wie ein Job?"

„Ja, natürlich, wir werden auch vom Sender bezahlt. Und es macht wirklich unheimlich Spaß."

„Dann bin ich dabei!"

Etwas später, als Leslie wieder gegangen war, konnte Friederike immer noch nicht nachempfinden, woher sie den Mut genommen hatte, Ja zu seinem Angebot zu sagen.

Aber sie hatte sich an Bettys Beispiel erinnert und gespürt, das konnte sie jetzt auch. Sie müsste zwar noch mit ihrem Dad und leider auch mit ihrer Mutter darüber sprechen, aber das würde sie schon schaffen. Mit einem richtigen Job war sie jetzt ein vollwertiges Mitglied im Club der kleinen Millionäre.

Als sie Lissy am nächsten Tag davon erzählte, jubelte die mit ihr. „Beim Radio bist du zwar nicht zu sehen, aber es ist trotzdem höchste Zeit, dich schicker zu machen. Dazu gehört zu wissen, was steht dir, was lässt dich besser aussehen. Du wirst heute gemeinsam mit mir Modepolizei spielen."

Und so schlenderten beide am Nachmittag zum Einkaufszentrum in der Innenstadt und schauten sich Kinder und Erwachsene genauer an.

„Modepolizei auf sechs Uhr", flüsterte Lissy. Friederike, die in das Beobachtungssystem eingewiesen war, schaute unauffällig nach hinten. Dort war eine Frau zu sehen, die aussah, wie eine wandelnde Tonne. Friederike grinste, da sie sich an ihre eigenen Modesünden erinnerte. „Das ist der Fall *Vier-Mann-Zelt*. Zu weit, zu üppig, das lässt sie doppelt so dick aussehen." Lissy lief schon weiter, hob aber anerkennend den Daumen.

„Modepolizei auf drei Uhr". Friederike grinste, das hätte sie sich auch ausgewählt. Rechts von ihr ging ein Teenager mit knallengen Hüfthosen in Pink.

„Die Hosen sind hübsch, aber der Bauch und der Hüftspeck, die darüber hängen, nicht. Für diese Stellen wäre eine dunklere Tunika oder Jacke besser gewesen. Oder ich vermittle ihr meine Trainer."

Friederike grinste erneut, die Sache begann ihr Spaß zu machen. Jetzt versuchte sie es auch.

„Modepolizei auf 12 Uhr." Lissy sah von vorne eine junge Frau auf sich zukommen, die nicht nur schlank, sondern ausgesprochen dünn und ganz in Schwarz gekleidet war.

Lissy lachte. „So wolltest du mal werden, so dünn wie möglich. Weißt du noch?"

„Stimmt genau. Ich bin froh, dass du mich umgestimmt hast. Ich denke schon, so wie ich jetzt bin, bin ich okay".

„Finde ich auch", bestätigte Lissy.

Demnächst sollten wir die Wii noch einmal befragen.

„Was sagt denn dein Maßband?"

„Bisher sind es 4 cm in der Taille und 3 cm über den Po."

„Super! Wenn jetzt noch das Training im Freien beginnt, dann kannst du dein Gewicht auch halten."

10. Kapitel,

in dem Friederike nicht mehr keucht, aber neue Hindernisse überwinden muss

Nach der Englisch-Übungsstunde, die wieder einmal nach London, diesmal zur *Bank of England* und dem Thema *Investments* oder Geldanlagen führte, setzte Sporty wieder seinen strengen Trainerblick auf. *„Are you still panting* –Keuchst du noch?"
Und Friederike antwortete, wie aus der Pistole ge-schossen. „No Sir!" Dazu salutierte sie lachend.
„Super, dann treffen wir uns morgen an der Walking-strecke am weißen Haus."

Wenn Friederike geahnt hätte, was sie erwartete, wäre sie noch etwas länger beim Keuchen geblieben. Sporty ließ sie einige Aufwärmübungen machen und dann trabte sie gemeinsam mit Ben und Noddy durch den Wald. Immer Sporty hinterher, der mit seinen langen Beinen natürlich viel schneller vorwärts kam. Friederike fühlte sich besser, als sie sah, dass nicht nur sie kämpfen musste, sondern die Jungs auch nach Luft schnappten. Sporty, der bemerkte, dass

seine Truppe noch nicht mithalten konnte, verlang-
samte das Tempo und ließ sie statt dessen, abwech-
selnd über Baumstämme springen und dann wieder
laufen.

Nach 30 Minuten waren sie wieder am Ausgangs-
punkt. Erleichtert wollte sich Friederike auf die kleine
Holzbank fallen lassen, aber Sporty sah sie nur ent-
rüstet an. „Das war bloß der Vorgeschmack. Ihr wer-
det doch jetzt noch nicht schlappmachen. Jetzt wird
gekämpft, ihr könnt euch ausruhen, wenn wir die
Runde noch einmal geschafft haben. Los geht's!"
Auch wenn sich Friederike den Effekt überhaupt
nicht erklären konnte. Es klappte tatsächlich in der
zweiten Runde schon viel besser. Und sogar Sporty
quälte sich zum Schluss einige lobende Worte ab.

An die dachte Friederike noch am nächsten Tag, als
sie doch einen leichten Muskelkater verspürte. Aber
der verminderte nicht den Stolz, durchgehalten zu
haben. Zusammen mit Tanja war sie wieder auf dem
Weg zum Kochkurs, bei dem es heute um Pfannengerichte gehen sollte.

„Wenn ihr eine gute Pfanne habt", betonte Annie,
„ist das die beste Voraussetzung Gerichte zuzuberei-
ten, die schnell gehen. Was könntet ihr alles mit der
Pfanne machen?"
Und schon hoben sich viele Hände. „Rührei", „Ome-
lette", „Bratkartoffeln", „Pfannkuchen."
Die Vorschläge schwirrten nur so durcheinander, bis
Noddy ergänzte:"Einbrecher verjagen!"

In das einsetzende Gelächter stimmte auch Annie
ein. „Das ist gar nicht so verkehrt, das sollten wir uns
für den Notfall merken. Aber jetzt wollen wir etwas
Schmackhaftes zubereiten.
Wir brauchen einige Grundzutaten: Proteine z. B.
Fleisch oder Eier, einige Gemüsearten, wie Zucchini,
Champignons, Zwiebeln, Paprikaschoten oder auch
Sojasprossen. Und natürlich Gewürze und Kräuter.
An jedem Arbeitsplatz liegt eine Auswahl. Jeder stellt
jetzt zusammen, was seiner Meinung nach ein
schmackhaftes Pfannengericht geben könnte."
Tanja war die erste, die ihre Zutaten gefunden hatte,
aber auch Friederike hatte dazu gelernt und konnte

die Gemüsesorten zuordnen. Sie entschied sich für Putenfleisch, Sojasprossen und Champignon, was ihr einen erhobenen Daumen von Annie und das Prädikat „Schneller Schlankmacher" einbrachte.

Nachdem die Chefköchin mit der Auswahl zufrieden war, wurde geschnitten, geraspelt und gebruzzelt, dass die Duftschwaden Hungrige aus der gesamten Nachbarschaft hätten anziehen können.
Auch heute machte Friederike wieder eifrig Notizen und Fotos von ihrem Kochergebnis. Aber inzwischen war sie auch mutig genug, zu anderen Kindern zu gehen und sie nach ihren Zutaten zu fragen.
Pfannengerichte wären für sie optimal, da konnte sie zuhause vieles nutzen.
Zum Schluss wurde reihum gekostet und natürlich hatte auch Annie eine große Pfanne vorbereitet, die von allen besonders schnell geleert wurde.

Als Friederike am folgenden Montag wieder die Therapieräume verlies, winkte Lissy schon im Flur. „Wir müssen doch unbedingt noch meine Wii befragen."

Alles war schon vorbereitet und Friederike, die kei-
nerlei Ängste verspürte, stieg neugierig auf das
Board. Sie kniff zwar immer noch die Augen zu, man
konnte ja nie wissen, riss sie dann aber ganz überrascht auf, als Lissy vorlas: „Du hast dein Zielgewicht
erreicht!"

Mit Blümchen und netten Sprüchen umsäumt, wurde
ihr bestätigt, was sie sich immer erträumt hatte.

„Super!" Lissy tanzte förmlich um sie herum. „Das
schreit nach neuen Jeans."

„Das hat mein Dad gestern auch gesagt, ich soll unbedingt neue Sachen kaufen."

Selbst das Maßband ließ keinen Zweifel, Friederike
hatte zwei Kleidergrößen verloren und fühlte sich
toll, nicht mehr wie die dicke Friederike, sondern wie
eine coole Fritzi.

Noch auf dem Heimweg hätte sie tanzen können, so
sehr freute sie sich. Mittwoch würde sie mit den anderen Mädchen zum ersten Mal shoppen gehen und
echt Freude daran haben.

Dieser Einkauf im neuen Zentrum wurde dann auch

eine Riesenaktion. Nur sie, Lissy, Betty und Tanja.

„*Only Girls*", hatte Betty betont. „Die Jungs sehen sich bei uns den neuesten Star-Wars-Film an. Selbstverständlich aus der Bibliothek. Das schont unser Taschengeld."

Auch Lissy hatte nur den Kopf geschüttelt.

„Jungs und Einkaufen, das passt nicht zusammen. Das ist wie....."

„Schokolade mit Senf", rief Tanja.

„Oder Pudding mit Ketchup", ergänzte Fritzi.

„Genau das meine ich", setzte Lissy fort. „Es ist einfach nicht kompatibel, wie Ben sagen würde!"

Zuerst wurden die Schaufenster-Modelle angestaunt, bewertet oder verabscheut. Betty stand mehr auf sportliche Klamotten, Lissy liebte mehr Glamuröses. Fritzi ging es eher wie Tanja, sie ließ sich mitziehen und war einfach nur glücklich. Auch über die neuen blaugrünen Jeans, die Lissy mit geübtem Auge ausgewählt hatte, dazu ein passendes Shirt im gleichen Farbton, nur etwas heller. „Das müssen wir noch etwas aufpeppen", kündigte Lissy an.

„Aber das machen wir gemeinsam."

Auch die Englisch- Übungen mit einer immer größer werdenden Gruppe halfen Fritzi im Umgang mit anderen Kindern lockerer zu werden und sich auch zu trauen, Späße zu machen.

Wie an diesem Donnerstag, an dem sich Tanja und das letzte Mitglied des Clubs der kleinen Millionäre eingefunden hatte.

Friederike erzählte gerade von der Londoner Gruselattraktion *Dungeon and Dragon* und bezog Noddy mit seinen leuchtend roten Haaren sofort als Komparsen mit ein. Der nahm das auch nicht übel, sondern freute sich am Spiel.

Auch wenn Sporty mit den Männern vom Handwerkerkurs alles getan hatte, um die Strecke schwieriger zu machen, fiel es Fritzi schon viel leichter die Runde zu laufen. Besonders das Springen über die Baumstämme und das Hangeln über einen Graben ging viel lockerer. Ob Lissy doch recht hatte und aus ihr noch eine passable Sportlerin werden könnte? Das einzige, was störte, war die Brille, die ihr immer von der Nase rutschte oder auch mal an einem Zweig festhing.

Sporty schien davon überzeugt zu sein, seine Truppe olympiareif machen zu müssen. Er jagte sie nicht nur zweimal durch den Parcour, sondern dreimal, bis die Jungs streikten. Fritzi hätte ohne Probleme weitermachen können, was ihr ein Schulterklopfen des strengen Trainers einbrachte.

„Gut gemacht, Fritz! Aus dir wird noch was, im Gegensatz zu diesen Weicheiern. Dein Treppentraining zahlt sich wirklich aus."

Friederike freute sich, denn die ungewohnte Anrede war bei Sporty schon so etwas wie ein Ritterschlag.

11. Kapitel,

in dem jemand überraschend in Fritzis Leben kommt

Mit etwas Wehmut gingen Tanja und Fritzi am folgenden Tag zum letzten Kochkurs-Termin.

Annie begrüßte sie wieder besonders herzlich und kündigte das Programm an. „Wir werden heute international kochen, Chili con carne. Dafür verwenden wir neben Hackfleisch, Zwiebeln, Paprika- und Pfefferschoten noch ganz besondere rote Bohnen, nämlich Azukibohnen.

In Asien nennt man sie die Bohnen der Weisheit.

Gibt es jemanden, der keine braucht?"

Natürlich hob sich keine Hand.

„Allerdings", fuhr Annie fort, „ habe ich die Azukibohnen gestern schon eingeweicht, das Wasser gieße ich ab und setze sie mit frischem Wasser wieder an, um sie weich zu kochen. Das hilft Verdauungsprobleme oder zu viel Luft im Bauch zu vermeiden".

„Jedes Böhnchen gibt ein Tönchen", flüsterte Noddy den Mädchen zu.

„Das habe ich von Bens Oma. Meine Großmamas sagen so etwas leider nicht. Aber jetzt kommt erstmal meine Überraschung!"

Fritzi und Tanja kicherten über seine Bemerkung, sahen sich aber auch fragend an, während Noddy auf Annie zuging und einen großen Löffel auf die Arbeitsplatte legte.

„Den habe ich für dich gemacht. Wenn du den Eintopf umgerührt hast, drückst du auf diesen kleinen Haken. Dann liegt der Löffel erhöht und kleckert die Platte nicht voll."

Annie probierte es überrascht aus, es klappte.

„Junge", rief sie erfreut, „du bist wirklich ein Genie. Das kannst du garantiert zum Patent anmelden. Das ist super toll!"

Und wie immer errötete Noddy bis an die Haarwurzeln, als ihm die gesamte Aufmerksamkeit der Gruppe galt. „Echt?"

 Als Annie den unsicheren, fragenden Blick sah, musste sie ihn einfach umarmen.

„Du bist tatsächlich schon ein richtiger, kleiner Erfinder. Mach weiter so! Aber jetzt wird gekocht."

Während Annie wie immer in die Hände klatschte, begannen die Kinder konzentriert zu arbeiten. Zwiebeln wurden geschält, Paprikaschoten gewürfelt, Pfefferschoten vorsichtig zerkleinert. Währenddessen hatte Annie das Hack gewürzt und im großen Kessel angebraten. Es duftete schon gut und nachdem die Kinder ihre Zutaten abgeliefert hatten und die Bohnen eingefüllt waren, roch es so verführerisch, dass einige unauffällig um den Kessel schlichen, nur um zu schnuppern.

„Solange unser Chili köchelt, werden wir uns mit dem Nachtisch oder dem Dessert beschäftigen. Ich habe euch zwar schon gesagt, wie gefährlich Zucker ist, aber das heißt nicht, auf Süßes zu verzichten. Wir machen also heute wieder oberleckere Sachen, die man gefahrlos essen kann.

Wer von euch mag Äpfel und Birnen?"

Zögernd erhoben sich drei Hände.

„Und wer mag Schokolade?" Jetzt schossen alle Hän-

de nach oben. „Also machen wir als erstes Apfel- und
Birnenschokolade. Dazu schneidet jeder einen Apfel
und eine Birne in Stifte. Vorher schält ihr natürlich
das Obst und entfernt die Kerngehäuse. Die Hälfte
eures Obstes taucht ihr jetzt in die Schokolade, die
ich geschmolzen habe. Lasst ein Stückchen frei, damit ihr das Schokoobst noch in die Hand nehmen
könnt.
Für die anderen Obststifte machen wir eine süße
Creme aus Quark, Joghurt, Selters und…" „Zucker",
ergänzte ein Mädchen.
„Nein!" Annie schüttelte vehement den Kopf.
„Keinen Zucker! Zucker macht euch zappelig und
stört die Konzentration. Aber natürlich soll unsere
Creme süß sein. Das machen wir mit Stevia oder Bir-
kenzucker oder Agavendicksaft."
Noch während sie sprach, zeigte Annie die süßen
Zutaten und immer zwei Kinder rührten gemeinsam
ihre Quarkcreme an.
Friederike und Tanja waren schon ein eingespieltes
Team und auch als erste fertig.
Inzwischen war auch das Chili soweit und wurde

nach dem Abschmecken wieder in Windeseile vertilgt. Bevor sich die Kinder auf ihren Nachtisch stürz-
ten, überreichte Annie allen eine Urkunde, die sie als
erfolgreiche Jung-Köche auswies.

Noch auf dem Heimweg schwärmten Tanja und Fritzi
von Annie und ihrem Kochkurs. Als sie sich Fritzis
Haus näherten, wurde Tanja immer langsamer.
„Auch wenn der Kurs zu Ende ist, magst du trotzdem
noch am Dienstag zu mir kommen? Du bist doch
meine beste Freundin."
Fritzi war total überrascht. Da hatte sie die ganze
Zeit überlegt, wie sie Tanja fragen könnte. Und jetzt
das!
„Natürlich, ich wollte dich gerade das gleiche fragen.
Ich bin gern bei euch. Und ich bin gern deine Freun-
din. Bisher hatte ich nur noch keine."
Und beide tauschten Fingerzeichen der ewigen
Freundschaft, wie das Elfjährige auf der ganzen Welt
tun.
Als Fritzi am Montag die Praxis von Frau Herz verlies,
fühlte sie sich wieder etwas leichter. So als ob sie zu

jedem Termin etwas Belastendes ablegen würde.

Sogar Frau Herz hatte sie jetzt Fritzi genannt und so

fühlte sie sich auch.

Als sie sich in einem Schaufenster betrachtete, war

da nichts mehr von der langweiligen Friederike zu

sehen. Das, was ihr da entgegen lachte, war eine

etwas kräftige, aber lustige Fritzi, die leider auf dem

Heimweg trödelte. Ihre Mutter würde heute wieder

von ihrer Reise zurückkommen und Fritzi hatte keine

Lust, sich all ihre Erfolge von den spitzen Bemer-

kungen ihrer Mutter kaputt machen zu lassen.

Und plötzlich war da dieser Hund!

Er saß einfach auf dem Gehweg, als sie die Straße zu

ihrem Haus einbog. Er sah sie aufmerksam an, so als

ob er auf sie gewartet hätte. Der Kopf war etwas

geneigt, ein Ohr stand aufrecht, das andere war

leicht geknickt.

Als Fritzi sich bückte und ihn musterte, hatte sie das

Gefühl, er würde sie angrinsen. Und er sah genauso

aus, wie das Hündchen in ihrem Traum. „Du bist

aber ein Hübscher", murmelte sie und streichelte

über seinen Kopf. „Gehörst du denn zu niemandem?"
Aufmerksam schaute sie sich um. Niemand zu sehen.
Der Hund sah gepflegt aus, nicht wie ein Streuner.
Sein helles, kastanienbraunes Fell mit einem
schwarzbraunen Sattel glänzte, als würde es jeden
Tag ausreichend gebürstet.
Aber eine Promenadenmischung war er ganz be-
stimmt. Der schön geformte Kopf hätte zu einem
Dackel gepasst, doch die Beine waren deutlich län-
ger.
Und der Schwanz mit dem er eifrig wedelte, kam
bestimmt von einer exotischen Rasse.
So etwas hatte Fritzi noch nie gesehen. Langsam
wurde es dunkel und auch erheblich kälter und sie
war unschlüssig.
Sollte sie einfach nach Hause gehen und das liebe
Hündchen zurück lassen? Nein, auf keinen Fall.
Aber was würde ihre Mutter sagen? Fritzi konnte die
neue Schimpfkanonade schon förmlich hören: Wieso
schleppst du einen fremden Köter an, wer soll denn
das alles bezahlen und so weiter und so weiter...
Trotzdem brachte sie es nicht übers Herz. Dann wür-

de sie den Hund eben in die Wohnung schmuggeln und ihr Essen mit ihm teilen. Sie brauchte ja nicht mehr so viel.

Trotzdem brach ihr der Angstschweiß aus, als sie die Wohnung betrat, den Hund vorne unter ihrer Stepp-jacke verborgen. Sie sah sich aufmerksam um und ließ dann den Hund vorsichtig zu Boden gleiten.

„Puh, das ist noch einmal gut gegangen. Meine Mut-ter ist nicht da", erklärte sie dem Hund.

Der sah sie an, als ob er jedes Wort verstanden hätte und lief zielgerichtet in Richtung Küche.

„Richtig, du wirst Hunger haben. Magst du Fleisch? Ich glaube es sind noch einige Scheiben im Kühl-schrank."

Fritzi suchte eine kleine Plastikschale und versorgte den Hund mit dem Fleisch. Sicherheitshalber gab sie ihm auch noch einige Löffel von ihrem Gemüseein-topf, den sie sich aufwärmte.

Als beide satt waren und sie ihr Geschirr abgespült hatte, folgte ihr der Hund ohne weitere Aufforderung in ihr Zimmer.

Und als sie sich in ihren Lesesessel setzte, sprang er

auf ihren Schoß, als ob er dorthin gehörte. Zufrieden drehte er sich einmal um die eigene Achse und ließ sich nieder, den Kopf auf ihren Knien.

Jetzt erst sah Fritzi das Halsband auf dem nur der Name stand. Perla – und sonst nichts, keine Telefonnummer des Eigentümers. Möglicherweise gab es auch einen Chip im Ohr, aber das konnte sie nicht überprüfen.

Mehr Sorgen machte es ihr, dass sie überhaupt keine Ahnung hatte, was ein Hund oder besser eine Hündin alles brauchte. Da fiel ihr ein, dass Lissy Hunde ausführte und sie rief sie schnell an. Lissy reagierte sofort.

„Ich packe alles Notwendige ein und schicke dir eine Nachricht, wenn ich vor eurem Haus bin."

Noch wagte sich Fritzi nicht von ihrem Sessel, weil das Hündchen so friedlich schlief. Aber wenige Minuten später, so als ob sie es geahnt hätte, hob Perla den Kopf. Genau da brummte auch das Handy. Vorsichtig schlich Fritzi in den Flur, die Luft war rein. Wahrscheinlich würde die Dienstreise ihrer Mutter doch länger dauern.

Gemeinsam mit Lissy richtete sie ein Körbchen für Perla und legte passendes Spielzeug und Kaukno-chen in die Nähe, die Leine fand Platz an einem Ha-ken. Alles wurde so vorbereitet, dass sie es im Notfall auch wieder verstecken konnte.

Inzwischen hatte sich Lissy mit Perla angefreundet und schüttelte sich vor Lachen, über die Begeiste-rung mit der das Hündchen den Spielball in alle Ecken des Zimmers verfolgte, ohne etwas kaputt zu machen.

„Ist Perla nicht eigentlich das Walmädchen aus dem Kinderfernsehen?"

Fritzi zuckte mit den Schultern. „Keine Ahnung. Meinst du ich könnte sie einfach behalten?"

Fritzi kaute auf ihrer Unterlippe und schaute Lissy fragend an.

„Ich glaube nicht, dass es so einfach geht. Stell dir vor, irgendwo wartet ein Kind, das seinen Hund ver-misst. Wenn sie aber ausgesetzt wurde, müsste sie ja in ein Tierheim. Und da sind schon so viele."

„Heute bleibt die Hübsche erstmal hicr. Solange mei-ne Mutter nicht zurück ist, geht das." Fritzi war noch nicht bereit aufzugeben. Perla kam ihr vor, wie ein Geschenk oder ein ganz besonderes Wunder.

Am nächsten Morgen als Fritzi ihr Treppentraining begann, folgte ihr Perla einfach und beobachtete sie die ganze Zeit aufmerksam.
Und als Fritzi nach einer Runden stoppen wollte, bellte sie und war erst wieder ruhig, als Fritzi auch den Rest des Trainings absolviert hatte. Dann zerrte sie die neue Leine zu Tür und strahlte Fritzi geradezu an, während der Schwanz heftig wedelte. Also lief sie auch noch die Perla-Runde um das Haus. Gut, dass Lissy an die kleinen Beutel gedacht hatte, um die Straße sauber zu halten.

Auf dem Weg zur Schule machte sich Fritzi Gedanken über das nächste Problem. Hunde waren im Unterricht nicht erlaubt. Aber konnte sie Perla einfach draußen lassen?
Kalt war es nicht mehr, der März hatte freundlich begonnen. Trocken war es auch, aber was konnte einem so süßen Hündchen auf der Straße passieren?

Perla nahm ihr die Entscheidung einfach ab.

Sie zappelte, als Fritzi sie in ihre Schulmappe packen wollte und schaute sie aufmerksam an. Fritzi hätte schwören können, dass Perla den Kopf geschüttelt hätte, wie ein klares Nein. Dann verschwand sie im Gebüsch und kam auch nicht wieder, als Fritzi nach ihr rief.

Im Unterricht konnte sich Fritzi heute nicht so gut konzentrieren, sie machte sich einfach zu viel Gedanken um das süße Hündchen. Als sie aber später mit Tanja den Schulhof verlies, saß Perla vor genau dem gleichen Gebüsch und schloss sich den Mädchen freudestrahlend an. Fritzi war so erleichtert, dass sie Perla erst einmal ausgiebig streicheln musste.

Auf dem Heimweg kaufte sie neues Hundefutter ein und versorgte Perla auch mit Wasser.

Nach der Perla-Runde im kleinen Park nebenan, machte sie sich auf den Weg zu Tanja.

Die hatte schon vorgesorgt und während die Mädchen im Laden die Regale einfüllten und anschließend kochten, erkundete Perla den Garten von Tanjas Eltern, in dem sich die ersten Krokusse zeigten oder kuschelte sich in eine alte Decke auf der Schaukel und jagte im Traum Kaninchen.

Auch am Mittwoch galt Fritzis ungeteilte Aufmerksamkeit ihrem Hündchen. Perla war echt zum Knuddeln, etwas was Fritzi nie gekannt hatte. Perla freute sich einfach immer, wenn sie sie sah, sprang auf ihren Schoß und versuchte ihr feuchte Küsse zu geben. Dass ihre Mutter noch nicht zurück war, nahm Fritzi fast nicht wahr. Sie war einfach so beschäftigt.

Natürlich kam Perla auch am Nachmittag mit zu Lissy. Beide Mädchen hatten sich vor einer bekannten Ladenkette getroffen, wo sie gemeinsam nach Farbpatronen suchten, mit denen sie anschließend Schablonenmuster auf Fritzis Shirt zauberten.
Perla musste nicht in den Garten, sondern saß brav bei den Mädchen, so als ob sie zuhören würde. Ab und zu drehte sie eine Runde im Zimmer oder schlummerte auf Fritzis Schoß.
Auch den Rest der Woche stand Perla im Mittelpunkt.

Eigentlich wollte Fritzi am Donnerstag mit den anderen vom Club die richtigen Englisch-Präpositionen üben und hatte dazu das Spiel *Ich sehe was, was du nicht siehst* umfunktioniert.

Jetzt sollte nicht nur die Farbe erraten werden, sondern auch angekündigt werden, wo genau sich der Gegenstand befindet. Aber es wurde eher ein Ratespiel zum Aufenthaltsort des Hundes. *Perla is under the table* oder *Perla is at the window* usw.

Am Freitag übernahm Perla beinahe die Rolle des strengen Trainers, weil sie allen davon sauste, bis Fritzi sie etwas bremsen konnte.

Auch die anderen liefen heute viel lieber ihre Hindernisstrecke, nur um anschließen den süßen Hund streicheln zu können. Fritzi hatte vier Runden ohne Schwierigkeiten geschafft, auch weil ihre Brille nicht mehr rutschte.

Gleich zu Beginn hatte ihr Noddy freudestrahlend einen Bügel überreicht. „Das habe ich für dich erfunden. Damit hält die Brille, auch wenn du rennst.“

Fritzi betrachtete den Bügel interessiert.

„Danke, das ist toll. Aber ich hoffe, dass ich die Brille sowieso bald vergessen kann. In den Ferien lasse ich meine Augen lasern."

Sie drehte sich zu den anderen um. „Ben, wenn du für mich im Netz nachsehen könntest…"

„Habe ich schon gemacht", grinste der. „Ich bin immer gerne vorbereitet. Ich habe zwei Blätter ausgedruckt. Lissy kann sie dir geben."

Fritzi erstaunte es immer noch, wenn sie die Fürsorge oder das Interesse ihrer Freunde vom Club spürte. Das war so ungewohnt, aber auch einfach schön.

12. Kapitel,

in dem jemand aus Fritzis Leben verschwindet und vieles anders wird

Nachdem Fritzi am Samstag den Vormittag mit Perla regelrecht trainiert hatte, denn anders konnte man es nicht nennen. Perla gab das Tempo vor und Fritzi flitzte hinterher. Die kleine Hündin schien unerschöpfliche Energien zu haben und auch wenn Fritzi langsam müde wurde, lief sie doch wieder schneller, wenn Perla den schmalen Kopf zu ihr drehte und bellte, um sie anzufeuern.

Durch das lange Training gab es ein spätes Mittagessen für beide. Und erst jetzt, als die Zeit für das wöchentliche Skypen mit ihrem Vater herankam, wurde Fritzi unruhig. Ihre Mutter war immer noch nicht zurück. Das war nicht ungewöhnlich, da sie oft mehrere Tage unterwegs war, aber so lange war sie noch nie weg geblieben.
Fritzi schaute sicherheitshalber in den Räumen ihrer

Mutter nach. Natürlich fehlten zwei Koffer und auch eine Menge Kleidung, aber das war bei den Reisen ihrer Mutter immer so. Nirgends gab es eine Nachricht und auch die Schublade mit dem Laptop war noch immer versperrt.

Fritzi kam das alles sehr sonderbar vor und es beschlich sie ein ungutes Gefühl. So als ob man spüren würde, dass gleich etwas Schlimmes passieren wird. Noch als sie überlegte, ob sie Tanja oder Lissy anrufen sollte, brummte ihr Handy.

„Fritzi, bist du in Ordnung?" Sie sank erleichtert auf einen Stuhl. Ihr Vater. Wahrscheinlich hatte er sich schon Sorgen gemacht, weil sie sich nicht gemeldet hatte.

„Fritzi, es ist etwas passiert, wir müssen beide reden. Ich nehme morgen früh die erste Maschine. Kommst du bis dahin alleine zurecht?"

Fritzi spürte ihr Herz klopfen. „Ist etwas mit Grandma, ist sie krank?"

„Nein, nein. Wahrscheinlich habe ich dich jetzt erst richtig durcheinander gebracht. Grandma geht es gut. Wir machen uns Sorgen um dich.

Deine Mutter…"

„Aber Mum ist doch schon die ganze Woche nicht hier gewesen." Fritzi verstand immer noch nicht, was ihren Vater so aufregte.

„Das weiß ich, Fritzi." Ihr Vater bemühte sich ruhiger zu werden.

„Sie wird auch nicht wiederkommen. Sie will woanders ein neues Leben beginnen. Deshalb komme ich morgen und bleibe bei dir. Leider muss ich hier noch einiges vorbereiten, sonst wäre ich schon heute geflogen. Kommst du bis dahin zurecht, Fritzi?"

Fritzi wusste nicht, ob ihre Stimme zitterte, als sie ihren Vater beruhigte. Sie würde das schon schaffen. Eigentlich nahm sie kaum noch etwas war und fühlte sich total benommen, abgeschnitten von der Welt.

Erst als sie wieder in ihrem Zimmer in den Lesesessel gesunken war und Perla auf ihren Schoß sprang, fühlte sie den Schmerz wie eine Explosion in ihrer Brust. Sie hatte nie viel Liebe von ihrer Mutter erfahren, war also eigentlich daran gewöhnt, für ihre Mutter nicht wichtig zu sein.

Aber zurückgelassen zu werden, wie ein altes Möbelstück, das keiner mehr mag, das tat verdammt weh.

Perla winselte leise, so als ob sie Fritzis Schmerz spüren würde und kuschelte sich fest an sie, um sie zu trösten.

Die fühlte sich auch dann nicht erleichtert, als die Tränen endlich flossen. Nach einiger Zeit erhob sie sich, ohne darauf zu achten, dass Perla von ihrem Schoß fiel.

Wie ferngesteuert lief sie auf den Kühlschrank zu, den bewährten Tröster aus alten Zeiten.

Aber ehe sie die Tür öffnen konnte, fing Perla wütend an zu bellen. Sie schoss in die Küche, verbiss sich seitlich in Fritzis Jeans und versuchte sie weg zu zerren. Erst als sie ein wenig fester zubiss, kam Fritzi wieder zu sich. Sie starrte verwundert auf den Kühlschrank und den Hund und strich sich verwirrt über die Stirn.

Dann nahm sie Perla auf den Arm und drückte sie an sich. „Du bist wirklich eine Perle, du hast mich gerettet. Wir machen jetzt eine Extra-Perla-Runde."

Die Runde wurde etwas länger, denn Fritzi spürte,

wie gut es ihr tat, den Schmerz weg zu laufen. Noch liefen einige Tränen, aber mit jedem energischen Schritt wurde sie etwas ruhiger.

Wieder zurück in der Wohnung konnte sie schon gefasster mit Grandma Kate telefonieren, die gerne zu ihr gekommen wäre, aber wegen ihres schwachen Herzens nicht fliegen durfte.

Danach rief sie auch noch Tanja und Lissy an und fühlte sich sehr getröstet, als beide ihr sofort Hilfe anboten.

Auch Sporty hatte ihr geschrieben. „Fritzi, du bist ein echter Kumpel. Wer dich verlässt, der hat dich auch nicht verdient."

Da konnte sie schon wieder ein wenig lächeln. Wenn sie gewollte hätte, wäre auch der gesamte Club der kleinen Millionäre zu ihr gekommen. Aber morgen würde schon ihr Dad kommen und sie hatte ja Perla, ihren Wunderhund.

Die kleine Hündin war wieder ganz friedlich und verkuschelt und drückte sich im Bett eng an Fritzis Seite. Und so schlief sie trotz des großen Schmerzes wunderbar getröstet ein.

Ihr Dad war stolz auf sie, wie gefasst sie am nächsten Tag mit der Situation umging. Auch wenn sich ihm manchmal vor Entsetzen die Haare sträubten, als er hörte, wie wenig sich seine Exfrau um ihr Kind gekümmert hatte. Und was alles hätte passieren können, weil sie sich, ohne jemanden zu informieren, einfach abgesetzt hatte.

Erst als er über seinen Anwalt erfuhr, dass seine Exfrau das Sorgerecht für Fritzi an ihn abgetreten hatte, war ihm bewusst geworden, dass sein Kind völlig alleine in der Wohnung war.

Aber jetzt war er hier und er würde auch die nächste Woche bis zu den Frühjahrsferien bleiben, wie er Fritzi erklärte. „Meine Firma wird hier eine Außenstelle eröffnen, die ich leiten werde. Wenn alles klappt, vielleicht schon nach den Ferien, dann bist du hier nicht mehr allein."

Fritzi umarmte ihn freudestrahlend. „Prima, aber allein bin ich auch jetzt nicht gewesen. Ich habe doch Perla und viele Freunde. Die wirst du alle kennenlernen."

Und den Rest des Tages planten sie ihr neues Leben.
Ihr Vater würde die Wohnung übernehmen. Fritzi
könnte dann weiter in ihre gewohnte Schule gehen,
weiter ihre Freunde sehen und vielleicht, wie ihr Dad
geheimnisvoll ankündigte, auch ihr Zimmer nach ihren Wünschen ändern.
Nach ihrem letzten Termin bei Frau Herz, hatte ihr
Dad auch ein längeres Gespräch mit der Psychotherapeutin, das ihn in dieser Reihenfolge zuerst empör-
te, dann wieder sehr beruhigte und mit großem Stolz
auf seine tapfere Tochter erfüllte.

Während ihr Vater seine Vorbereitungen für die
Übersiedlung traf, hatte Fritzi wieder ihre gewohnten
Aktivitäten aufgenommen. Sie half Tanja im Laden,
kochte mit ihr und überraschte auch ihren Dad mit
ihren Kochkünsten. Sie surfte mit Lissy im Internet,
um für ihre nächsten Einkäufe vorbereitet zu sein
und auch in der Englisch-Gruppe war sie froh, nicht
wie ein rohes Ei behandelt zu werden, sondern die
üblichen Frotzeleien zu hören. Am meisten freute sie
sich darüber, dass Lissy und Sporty ihre Noten in

Englisch verbessert hatten.

 Zum Training auf der Hindernisstrecke wurde sie sogar von ihrem Dad begleitet, der sich richtig freute, beim Laufen von seiner Tochter um Längen geschlagen zu werden. Nur Perla und Sporty konnten mit ihrem Tempo noch mithalten.

Da Fritzi sich niemals freiwillig von Perla trennen würde, versuchte ihr Dad so schnell wie möglich das Geheimnis ihrer Herkunft zu klären. Schon der zweite Anruf in einem Tierheim war erfolgreich.

„Ach unsere Perla ist uns wieder mal entwischt", lachte die Leiterin. „Sie sucht sich ihre Halter selbst aus und bleibt nur dort, wo sie will. Wenn sie Ihre Tochter mag, können Sie sie behalten. Sie hat sämtliche Impfungen und wurde erst vor kurzem untersucht. Die Nachweise können Sie bei mir abholen, das kostet eine kleine Gebühr und dann ist es Ihr Hund."

Damit gab es auch keine Probleme Perla mit in die Ferien zu nehmen und so saß Fritzi nach der Woche, die so schlimm begonnen hatte, fast zufrieden neben

ihrem Vater im Flugzeug nach London. Die geplante
Augenoperation machte sie noch etwas unruhig, aber
Angst hatte sie keine mehr, nachdem sie die Infor-
mationen von Ben gelesen hatte. Alles würde gut
werden.

Und genauso ist es gekommen, dachte Fritzi als sie
zwei Wochen später wieder im Flugzeug saß. Die
Tage waren schnell vergangen. Die Behandlung der
Augen war zwar unangenehm, aber zu ertragen gewesen. Viel wichtiger war, dass sie jetzt mit Perla
unbeschwert herumtollen und trainieren konnte. Sie
konnte sich ohne Brillenprobleme bücken und sogar
auf dem Rasen ganz vorsichtig eine perfekte Rolle
hinlegen. Nur manchmal fasst sie noch nach der Brille, aber das würde sie vergessen, so gut, wie sie
jetzt alles erkennen konnte.
Nachdem die Augen wieder in Ordnung waren, hatte
es Fritzi richtig Spaß gemacht mit ihrer Grandma
shoppen zu gehen. Sie sah sich jetzt gerne im Spiegel an und verblüffte ihre Großmutter mit der siche-
ren Auswahl der Kleidung. Am liebsten hätte sie na-

türlich auch Perla mit genommen, aber die musste leider zuhause bleiben.

Ohne Hündchen war es auch kein Problem zu einem Friseur zu gehen. Für Fritzi war auch das eine Premiere. Als sie ihre perfekt gestylten Haare im Spiegel sah, hätte man nicht sagen können, wer mehr strahlte, Fritzi, ihre Grandma oder die Frisörin. „Fritzi, du siehst so hübsch aus, dich hätte ich gerne als Modell."

Auch das war etwas völlig Neues, dass jemand der nicht aus der Familie kam, sie als hübsch bezeichnete. Aber daran könnte sie sich gewöhnen!

Durch den ausgedehnten Einkaufsbummel war ihr Koffer etwas schwerer, aber das war kein Problem, da sie jetzt mehr Kraft und ihren Dad zur Seite hatte. Er würde solange bei ihr bleiben, bis sie ihre Schule beendet hatte oder doch irgendwann lieber in London wohnen wollte.

Ihr Vater hatte kurz vor dem Abflug noch mit seinem Assistenten telefoniert, der sich nicht nur um die Einrichtung des Büros, sondern auch um die Umgestaltung der Wohnung gekümmert hatte. „Du wirst staunen", wandte er sich an Fritzi, „was alles in deinem Zimmer passiert ist."

Fritzi lächelte und konnte ihre Neugier kaum noch zähmen. „Jetzt verstehe ich, warum mich Nick gefragt hat, wie ich ein Zimmer für ein Mädchen einrichten würde. Hoffentlich hat er nicht meine Kissen entsorgt."

„Bestimmt nicht", beruhigte sie ihr Dad, der alles über Video überwacht hatte.

Und er konnte seiner Sache wirklich ganz sicher sein, denn Fritzis Freudenschreie bestätigten das.
Ihre Möbel waren jetzt auch weiß, wie bei Lissy. Aber Kissen, Vorhänge und Decken waren in unterschiedlichen blaugrünen Tönen gehalten. Fritzi kam sich vor, wie an einer großen tropischen Lagune.
Und mittendrinn prangten ihre türkisfarbenen Kissen, die ihr oft über die schwierige Abendzeit geholfen hatten.
Auch Perla war von dem Zimmer begeistert, sie drehte sich wie eine Primaballerina, als müsste sie alles

gründlich prüfen. Zum Schluss ließ sie sich zufrieden in ihr neues Hundebett sinken, strahle Fritzi kurz an und schloss dann ihre Augen.

Auch Fritzi war schon ziemlich müde, musste aber vorher unbedingt noch die Räume ihres Vaters bewundern und ihre Schulsachen zurecht legen.

Morgen würde die Schule wieder anfangen und es würde ein wenig komisch sein, so verändert wie sie war.

Am nächsten Morgen, die Sonne schien strahlend, aber die Luft war noch frisch, strömten Massen von Kindern ihrer Schule zu. Natürlich gab es viel zu erzählen, jeder hatte etwas Tolles erlebt und die Begeisterung ließ den Lärmpegel weiter anschwellen, bis er plötzlich abbrach.

Sporty unterhielt sich gerade mit Tommy aus der siebten Klasse, natürlich über Fahrräder, als er sah, dass dessen Augen vor Staunen immer größer zu werden schienen. „Alter Falter, was ist denn das für ein Sahneschnittchen?"

Sporty drehte sich um und sah die neue Fritzi auf

sich zukommen, in superschicken Pepe-Jeans und einer angesagten Jacke von Burberry.

Natürlich hätte nur Lissy so etwas erkennen können, aber für Sporty sah sie ohne Brille und mit locker frisiertem Haar einfach super aus. Er grinste auf seine lässige Art, vor allem über Tommys Blick. „Hey Fritzi, wie war`s in *Old England*?"

Das ließ den Lärmpegel wieder ansteigen, manche flüsterten, andere brachten ihr Erstaunen lauthals zum Ausdruck.

 Sporty, der spürte, wie peinlich Fritzi der Auflauf war, zog sie einfach an der Hand zum Eingang und ließ das Geraune und Getuschel hinter sich. Im Klassenraum warteten schon Lissy und Tanja, die Fritzi begeistert umarmten.

Auch die anderen Mädchen, die sie vorher gekonnt übersehen hatten, scharten sich jetzt um sie. Aber Fritzi beeindruckte das nicht mehr. Sie hatte echte Freunde, mehr brauchte sie nicht.

13. Kapitel,
in dem Fritzi den Staffelstab weiter gibt

Der April machte seinem Namen alle Ehre, als Fritzi, ihr Dad und Perla zur neuen Hindernisstrecke eilten, wo sie schon von den anderen kleinen Millionären erwartet wurden.

Inzwischen hatte sich Fritzi daran gewöhnt, schicke Jeans und Shirts zu tragen, sie hatte auch keine Angst mehr in einen Spiegel zu sehen. Sie konnte sich auch durchsetzen, wenn ihr etwas wichtig war, ohne Angst zu haben, dann von anderen nicht mehr gemocht zu werden. Das wünschte sie sich auch für andere Kinder, die mit ihrem Gewicht zu kämpfen hatten.

Als sie mit ihrem Vater darüber sprach, ermunterte er sie. „Vielleicht könntest du das, was dir geholfen hat, auch anderen zugänglich machen. Deine Freunde vom Club der kleinen Millionäre helfen dir bestimmt."

Und so war ein Aktionsplan „Kleine Mollis" entstanden, der übergewichtigen Kindern in den ersten Klassen helfen sollte. Die Männer aus dem Handwerkerkurs hatten mit Betty, Ben und Sporty die Hindernisstrecke weiter ausgebaut und unterschiedliche Schwierigkeitsgrade geschaffen.

Peter, der Sportlehrer würde dort einmal in der Woche ein Training für kleine Mollis anbieten, natürlich mit Fritzis und Sportys Unterstützung.

Fritzis Dad hatte die Plakate und Anleitungstafeln gesponsert und Annie von den Silver Girls würde einen speziellen Kochkurs für mehr Fitness anbieten.

Heute sollte diese Strecke feierlich eröffnet werden und zwar durch Fritzi. Sie war ganz gerührt gewesen, als alle für sie gestimmt hatten.

Inzwischen fiel ihr auch das Sprechen vor Menschen viel, viel leichter. Immerhin hatte sie schon zwei Radiosendungen, gemeinsam mit Leslie, hinter sich gebracht.

Es hatte ihr großen Spaß gemacht, über die Tiere zu reden oder die Hörer Tierlaute raten zu lassen.

Aber das hier war natürlich etwas anderes. So langsam fing ihr Herz doch an, schneller zu klopfen.

Sporty, der sich neben sie schob, klopfte ihr ermunternd auf die Schulter. „Das schaffst du schon. Übrigens dein Dad ist cool!"

Fritzi lächelte nur und überlegte, was Sporty wohl damit beabsichtigen würde.

„Meine Mutter ist auch ganz schön cool, die würden gut zusammenpassen."

Jetzt grinste Fritzi. „Bewirbst du dich etwa darum, mein Bruder zu werden?"

Doch Sporty zuckte nur mit den Schultern. „Das wäre doch nicht schlecht, da wüssten wir wenigstens, was uns erwartet. Oh, da winkt jemand. Dein Typ ist gefragt."

Und mit diesen Worten schob er Fritzi nach vorne, wo ihr schnell noch eine Schere gereicht wurde.

Fritzi, die sich über den Regenschirm freute, den ihr Dad über sie hielt, musterte die Umstehenden noch kurz, besonders die kleinen Mollis in der ersten Reihe und begann zu sprechen.

„Da haben Generationen von Eltern ihren Kindern gesagt: *Esst euren Teller leer, dann wird schönes Wetter!* Und was haben wir heute davon:

Dicke Kinder und Scheißwetter!"

In das Kichern der Umstehenden setzte sie fort.

„Ich darf das sagen, weil ich selbst ein dickes Kind war. Die Betonung liegt auf war.

Ich habe mit Hilfe meiner Freunde gelernt, welches Essen wirklich fit macht und wie wichtig Bewegung ist. Auf dieser Hindernisstrecke habe ich einige Schweißtropfen verloren, aber ich habe durchgehalten und ihr könnt das auch. Ich bin stolz darauf, dass ich so viel Hilfe hatte und deshalb weiß ich:

Kein Kind muss ein dickes Kind bleiben, wenn es Freunde hat oder sich Freunde sucht. Irgendwann muss man damit beginnen und der beste Moment ist jetzt."

Damit schnitt sie das Band durch.

Und genau in diesem Moment setzten sich die Mollis in Bewegung mit Peter und Perla an der Spitze.

Während Fritzi die Kinder betrachtete, die begeistert dem Hund folgten, wusste sie genau, was sie garantiert nie wieder sein würde: Die dicke Friederike.

14. Kapitel,
in dem sich jemand verabschiedet, aber etwas Neues auf Fritzi wartet

Für Fritzi war die Zeit bis zu den Sommerferien, wie im Fluge vergangen. Sie hatte ihre Freunde vom Club regelmäßig getroffen und nicht nur zu den monatlichen Zusammenkünften.

Ihr Sparschwein war schon prall gefüllt und durch den Job beim Lokalsender konnte sie wie die anderen auch in einen Fonds einzahlen, um irgendwann aus eigener Kraft die Million zu erreichen.

Ihre Mutter vermisste sie nicht, obwohl sie immer noch Tanja, Lissy und Betty um die liebevolle Aufmerksamkeit in ihrer Familie beneidete.

Deshalb hatte sie auch gemeinsam mit Sporty versucht, ihre Eltern zu verkuppeln.

Bisher waren sie nicht sehr erfolgreich gewesen, aber jetzt hatte Sporty behauptet, seine Matka und ihr Dad hätten sich geküsst. So richtig, wie im Kino! Das war toll und echt spannend. Und wenn sie wirklich eine liebevolle Mum bekommen würde, das wäre absolut das Größte!

Aber heute musste sie sich leider auch von ihrer besten Freundin verabschieden.

Tanjas Eltern würden an die Küste ziehen, um dort ein Bio-Restaurant zu übernehmen.

Fritzi vermisste ihre Freundin jetzt schon und spürte, wie sich Perla tröstend an ihrem Bein rieb. Also versuchte sie tapfer zu lächeln, so wie Tanja auch.

„Ich schreibe dir garantiert ganz oft", versicherte sie.

Tanja nickte, auch ihr fiel das Sprechen schwer.

„Meine Eltern haben vorgeschlagen, dass ich dort auch einen Club der kleinen Millionäre gründen könnte und da brauche ich von euch noch viele Ideen."

„Oder wir von dir", lachte Fritzi. „Hauptsache, wir bleiben Freundinnen!"

Und davon war sie überzeugt, auch als sie dem Umzugswagen hinterher winkte. Ihre Freundin wäre nicht mehr ständig da, aber wer weiß, vielleicht hätte sie ja bald einen großen Bruder?

ENDE

Fritzis Ich-Verstärker

Reibe den Wunden Punkt(W) mit der flachen rechten
Hand so, dass es sich angenehm warm anfühlt.
Sprich dazu 3x die Zauberformel:
Ich bin okay oder *Ich bin in Ordnung!*

Von der Autorin sind im BoD-Verlag bereits

erschienen:

- Der Club der kleinen Millionäre -1
  Coole Kids und der clevere Umgang mit Geld

- Das Monster im Schrank
  Wenn Kinder Angst haben

- Das gibt es doch nicht!
  Unmögliche und fantastische Geschichten 1

- Das ist wirklich das Allerletzte!
  Unmögliche und fantastische Geschichten 2

- Jetzt ist aber Schluss!
  Unmögliche und fantastische Geschichten 3

- Alles auf Anfang!
  Unmögliche und fantastische Geschichten 4

- Die Weiberwirtschaft
  Frauenpower im Mühlengrund

- Sophie und die Krimifrauen vom alten Bahnhof-1
  Cosy-Crime-Geschichten

- Sophie und die Krimifrauen vom alten Bahnhof -2
  Cosy-Crime-Geschichten

- Die Silver Girls
  65 – Na und!

- Immer wieder aufstehen!
  Geschichten zum Mut machen